**Educação e Liberdade
em Wilhelm Reich**

Coleção Estudos
Dirigida por J. Guinsburg

Equipe de realização – Edição: Lilian Miyoko Kumai; Revisão: Marcio Honorio de Godoy; Sobrecapa: Sergio Kon; Produção: Ricardo W. Neves, Sergio Kon e Raquel Fernandes Abranches.

Zeca Sampaio

**Educação e Liberdade
em Wilhelm Reich**

 PERSPECTIVA

Dados Internacionais de Catalogação na Publicação (CIP)
(Câmara Brasileira do Livro, SP, Brasil)

Sampaio, Zeca
 Educação e liberdade em Wilhelm Reich / Zeca Sampaio.
– São Paulo : Perspectiva, 2007. – (Estudos ; 241 / dirigida por
J. Guinsburg)

 Bibliografia.
 ISBN 978-85-273-0785-7

 1. Educação – Finalidades e objetivos 2. Liberdade 3.
Pedagogia 4. Reich, Wilhelm, 1897-1957 I. Guinsburg, J. II.
Título. III. Série.

07-1611   CDD-370.115

Índices para catálogo sistemático:
1. Educação e liberdade : Pedagogia crítica   370.115

Direitos reservados à
EDITORA PERSPECTIVA S.A.
Av. Brigadeiro Luís Antônio, 3025
01401-000 – São Paulo – SP – Brasil
Telefax: (0--11) 3885-8388
www.editoraperspectiva.com.br

2007

*A meus filhos: Ana, Fernando e Bel.
E a todas as crianças do futuro.*

Agradecimentos

Este trabalho contou com a contribuição de todos os que participaram de minha história junto à educação. Quero agradecer, portanto, a esses meus colegas, mestres e alunos.

Agradeço aos meus companheiros reichianos, que vêm dedicando seus melhores esforços para a compreensão e divulgação das idéias de Reich; especialmente a meus amigos da Associação Wilhelm Reich do Brasil, com quem compartilhei o aprendizado por mais de duas décadas.

A meus colegas e professores do curso de pós-graduação da Unisantos, meu agradecimento por suas contribuições e seu incentivo.

Quero agradecer especialmente às professoras Sônia Ignácio e Sara Matthiesen, por suas sugestões e críticas.

A minha orientadora, Sonia Ribeiro, o meu agradecimento. Sua dedicação, apoio e discernimento foram essenciais para o resultado deste trabalho.

Um agradecimento especial para minha família, que sempre esteve ao meu lado. Meus pais, por seu apoio; meus filhos, por seu exemplo; e Kyky, por sua cumplicidade.

Sumário

Apresentação XIII

1. REICH, SEU MÉTODO E SUA CONCEPÇÃO DE HOMEM ... 1
   Wilhelm Reich (1897-1957) 1
   O Funcionalismo Orgonômico 4
   A Concepção de Homem, em Reich 7

2. A EDUCAÇÃO DOS HOMENS-MÁQUINA 19
   Questionando a Educação Vigente 19
   Crítica à Educação pela Moral Compulsória 21
   Crítica à Educação com Medo da Vida 32
   A Construção do Homem-Máquina 37

3. EDUCAÇÃO COMO TRANSFORMAÇÃO 41
   Profilaxia da Neurose 41
   Educação e Revolução Social 44
   Crianças do Futuro 52

4. A LIBERDADE COMO VALOR CENTRAL DA EDUCAÇÃO .. 59
   O Homem na Prisão 59
   Auto-Regulação e Liberdade 65
   Educação e Liberdade 73

5. PARA ALÉM DA PESTE EMOCIONAL 89

Referências Bibliográficas 101

Apresentação

Durante o período de minha formação como educador, ao final da década de 1970 e início dos anos de 1980, meu posicionamento crítico em relação à prática educativa, que então começava a conhecer do ponto de vista profissional, ia se tornando cada vez mais definido, sem possuir, ainda, um sentido teórico-reflexivo mais profundo. Observava posturas de educadores e de instituições, com as quais não podia concordar. Minha impressão era de que havia alguma coisa mais ampla do que simples propostas equivocadas. Para mim, mesmo nessa época, o cerne da questão encontrava-se na reflexão (ou na falta dela) que embasava essas propostas.

Saviani, em seu artigo "Tendências e Correntes da Educação Brasileira", descreve a situação do professor de uma forma que muito se assemelha à minha experiência prática. Durante meus primeiros anos como educador, encontrava-me sufocado e pressionado por todos os lados: vinha de uma formação escolanovista; atuava em uma estrutura escolar tradicional; sofria uma coação governamental de cunho tecnicista; ao mesmo tempo, entrava em contato com as análises da tendência crítico-reprodutivista, que designava os educadores como engrenagens a serviço da manutenção das vantagens de uma classe dominante.

As propostas progressistas que pude conhecer durante aquele período pareciam-me insuficientes para esclarecer e informar uma análise mais abrangente do fenômeno educativo, como o intuía. Atraía-me o enfoque dos problemas educacionais que tinha como referência a reflexão crítico-dialética, a meu ver, fundamental para começar a pensar a educação. Agradava-me ainda mais a postura de busca da possibilidade de uma ação transformadora dentro da escola; diferente da posição reprodutivista, que parecia nos colocar em um beco sem saída. Ainda assim, ansiava por análises mais abrangentes, que permitissem compreender o fenômeno da educação de forma mais ampla. A eleição da educação escolar, tendo como elemento central a transmissão de conhecimentos, a mim se apresentava como reducionista. Tal enfoque, além de tornar-se repetitivo, acabaria, na prática, por levar à frustração. As propostas associadas a essa leitura da educação não eram capazes de provocar uma mudança real no quadro cultural, social e político em que vivíamos e, ainda vivemos, hoje, de uma maneira muito mais complexa[1]. Sentia a necessidade de um exame mais aprofundado do conhecimento como herança cultural, do problema da verdade objetiva e da universalidade. Ressentia-me também da falta de menção à estrutura autoritária dos educadores. Em minha observação, mesmo colegas educadores que professavam uma posição crítico-dialética, que possuíam uma leitura esclarecida da ideologia dominante, na prática, comportavam-se de maneira autoritária e lidavam com os conteúdos escolares como verdades irrefutáveis. Esses casos representariam apenas uma má compreensão das propostas progressistas? Ou faltava a essas propostas uma análise dos mecanismos não-conscientes, capazes de levar as pessoas e, em especial, os educadores a agir em desacordo com suas próprias convicções?

Foi neste contexto de pressões, indagações e questionamento constante que aprofundei meu contato com as idéias de Reich. Encontrei um pensador original, com uma maneira muito própria de ver o mundo, a ciência e a educação. A afinidade com algumas de suas idéias e análises levou-me ao estudo mais abrangente de sua obra.

Durante mais de duas décadas venho pesquisando, trabalhando, traduzindo e ensinando no âmbito do pensamento reichiano. Toda essa dedicação não significou uma adesão cega a todas as proposições reichianas, mas sim uma profunda admiração por um homem que ousou discordar numa época em que cada vez menos isto era possível. Significou, também, a necessidade de uma leitura cuidadosa e de uma fundamentação mais consistente na área da epistemologia. Trilhei, assim, o caminho percorrido por Reich para desenvolver sua teoria, examinando suas principais influências e sua contribuição original.

---

1. A respeito da insuficiência da reflexão da pedagogia histórico-crítica e de suas conseqüências no pensamento de alguns de seus autores, no final da década de 1990, ver M. L. A. Barreto, *A Pedagogia Histórico-crítica no Contexto do Otimismo Dialético em Educação* e P. Cornalbas, *A Evolução do Pensamento em Quatro Autores Nacionais nas Décadas de 80/90*: educação, escola e conhecimento.

Reich apresentou uma crítica ao paradigma científico vigente, que combinava com aquela que já se engendrava de forma intuitiva em minhas considerações. Mais tarde, acrescentei outras referências para esse estudo nas discussões metodológicas relativas à crise do paradigma newtoniano-cartesiano e à busca de novos paradigmas, levadas a cabo por pensadores de diversas tendências atuais, geralmente reunidas sob a denominação de pós-modernistas.

Também as censuras de Reich aos partidos de esquerda, que conheceu profundamente durante seus anos de militância[2], ressoaram fortemente em meu questionamento das formulações dos teóricos marxistas a respeito da ideologia e da educação. Reich ressalta o desconhecimento, ou a desconsideração, por parte dos teóricos do marxismo, do aspecto inconsciente e da estrutura emocional do indivíduo, bases para a manutenção da ideologia[3]. Segundo Reich, a compreensão do fenômeno da ideologia, apenas do ponto de vista social, sem considerar o psicológico, leva a acreditar que basta o esclarecimento da função política da ideologia para que as pessoas se libertem de suas amarras. Reich lembra que esses mesmos pensadores frustraram-se ao ver o povo voltar-se para lideranças fascistas, cujos interesses eram obviamente contrários aos do proletariado.

Debruçando-me sobre os escritos de Reich, deparei-me com uma crítica e uma proposta educacional, em alguns momentos, explicitadas, que, no entanto, para serem apreendidas em sua abrangência, precisam ser contextualizadas dentro da totalidade de sua obra, de forma que fiquem claras a cosmovisão, a compreensão antropológica e a visão epistemológica que as informam.

Este meu trabalho (apresentado como dissertação de mestrado em educação) é, portanto, uma conseqüência natural de meu caminho como educador e estudioso da obra de Reich. Examino, aqui, o pensamento reichiano, com vistas a trazer para o campo da educação uma contribuição às propostas que contemplem a transformação social e política, com base na liberdade do homem.

Embora Reich não se considerasse um educador, no sentido profissional do termo[4], em sua atuação política e social sempre demonstrou

---

2. Embora Reich, depois de seu rompimento com o Partido Comunista e de sua reavaliação teórica em relação ao marxismo, tenha afirmado que nunca tivera de fato uma atuação político-partidária, no sentido de uma militância, a sua própria descrição das atividades por ele exercidas junto aos movimentos de esquerda, que incluíam a panfletagem em porta de fábricas e a participação em grandes manifestações públicas, permite concluir que houve um período de militância propriamente dita.
3. W. Reich, *People in Trouble*, p. 88-89.
4. Reich nunca esteve diretamente envolvido com a educação escolar, mas durante toda a sua vida trabalhou na formação de psicanalistas e, mais tarde, de orgonomistas, ministrou cursos universitários e de pós-graduação e coordenou grupos de orientação sexual, sendo considerado um exímio palestrante e um excelente professor por aqueles que tiveram a oportunidade de freqüentar suas aulas.

um interesse especial pelo tema da educação. No prefácio à primeira edição (1933) de um de seus principais livros de técnica terapêutica, *Character Analysis* (Análise do Caráter), esclarece dedicar seus esforços à pesquisa da técnica terapêutica individual por perceber a importância da compreensão do funcionamento emocional humano para um projeto de transformação social e, em especial, para a preparação de uma política educacional. Reich não vê, portanto, a terapia individual como uma solução para o problema da saúde mental, no campo social. Sugere, para isso, a profilaxia da neurose, um trabalho educacional que permita evitar a formação da neurose por meio do reconhecimento e eliminação das práticas (identificadas através da psicanálise de adultos neuróticos) responsáveis pelo seu surgimento na infância. Mais tarde, em uma entrevista realizada em 1952, publicada posteriormente com o nome de *Reich Fala de Freud*, prioriza a investigação e a proposição de uma política educacional a fim de preservar a saúde nas crianças em vez do estudo da terapia individual. Para isto, funda um grupo de pesquisas dirigido ao exame do desenvolvimento infantil e, em seu testamento, destina a maior parte de sua herança para a Wilhelm Reich Infant Trust Fund, uma fundação dirigida aos cuidados com crianças[5].

Por outro lado, o tema sociopolítico e, em especial, o tema da liberdade são abordados por Reich com muito destaque, desde o seu tempo de estudante. A sua militância no Partido Comunista e o seu posterior afastamento relacionam-se com esse anseio por mudanças, por uma sociedade mais justa, por um homem mais feliz, autônomo e livre.

À medida que essa preocupação passa para um primeiro plano, o enfoque reichiano em educação amplia-se. O seu objetivo, que antes se limitava ao campo profilático, à saúde, estende-se ao campo social e político. A experiência de Reich na prática social leva-o a questionar o comportamento autoritário do homem comum, seja pelo lado do comando, seja pelo da obediência.

Observando o autoritarismo nos movimentos revolucionários, em que circulou como militante e observador, Reich descreve esse comportamento nos partidos de esquerda em seu livro *People in Trouble* (Pessoas com Problemas), publicado, originalmente, em 1953. A atitude autoritária, para Reich, contrapõe-se ao discurso desses partidos, propugnando um homem livre e autônomo assim que fosse desfeito o véu da ideologia vigente. Difere também da visão de homem livre admitida por Reich, composta a partir de sua observação do funcionamento humano saudável, capaz de auto-regulação[6] e autodeterminação.

---

5. M. Sharaf, *Fury on Earth*: biography of Wilhelm Reich, p. 479.
6. Capacidade de todo organismo vivo de administrar suas necessidades sem interferência externa. O conceito reichiano de auto-regulação será examinado com mais detalhe no decorrer do livro, em especial, no quarto capítulo.

O problema atual não se resume à existência da opressão e da escravidão, nem à necessidade de libertação de todo tipo de repressão. Isto é evidente para todos: conservadores, liberais ou socialistas. A questão é como o povo pode aceitar tudo isso e por que ele segue irracionalmente políticos que aumentam a sua opressão[7].

Com efeito, no campo social e na prática política, observa-se que o povo parece preferir um modo de vida não-livre, revelando-se absolutamente despreparado para assumir sua independência. Será que o homem, ao contrário do que gostaríamos de crer, não está mesmo capacitado para a autonomia? Ou, se o homem pode e deve ser livre, algo acontece entre seu nascimento e sua maturidade para que renuncie à liberdade, e procure a tutela. Em que medida a educação está envolvida neste processo? São indagações que, embora examinadas por Reich há mais de meio século, continuam sendo de extremo interesse para o educador, hoje.

A investigação da estrutura psicológica comum ao homem de nossa civilização, que faz com que ele não só aceite, mas até apóie regimes autoritários como o regime nazista ou o stalinista, leva Reich à compreensão da gênese e do funcionamento da personalidade autoritária, que imediatamente transporta, em suas conseqüências, para o plano da educação.

Reich constrói uma teoria que permite explicar de que forma uma prática educacional pode ter o sentido de preservar no homem a sua aptidão para agir livremente, ou, por seus métodos e relações pessoais, afetivas e políticas entre educadores e educandos, incapacitá-lo para a independência. A partir desses fundamentos, formulo uma análise sobre o sentido da educação, de caráter social e axiológico, em que a liberdade é valor central.

A discussão reichiana sobre a formação humana, sua contribuição à questão da possibilidade, da importância e do papel da educação pela e para a liberdade tornou-se o objeto de minha pesquisa, que tem por propósito geral realizar uma reflexão baseada nas concepções reichianas, visando compreender a sua crítica à ideologia autoritária da educação, bem como os elementos fundamentais de sua proposta educacional.

Investigo a fundamentação de um projeto educacional que não se baseie na domesticação do homem. Questiono a necessidade de uma formação autoritária que cerceia a expressão mais livre das funções vitais infantis, partindo esta do princípio de que o homem é naturalmente anti-social e que precisa ser treinado para a vida em sociedade, para, só então, poder gozar de sua autonomia. Mas será esta máxima da educação vigente uma característica permanente da natureza humana, ou uma construção cultural, portanto, provisória?

---

7. As citações retiradas de originais em inglês foram traduzidas por mim. W. Reich, *The Invasion of Compulsory Sex-morality*, p. IX.

A contribuição reichiana foi até hoje praticamente ignorada. São poucos os estudiosos da obra de Reich a ser consultados – descarto aqui uma série de teóricos que desaprovam a teoria reichiana de uma forma absolutamente superficial e preconceituosa – e, ainda menos, na área acadêmico-científica.

Matthiesen, em seu trabalho sobre a educação em Reich apresentado como tese de doutorado[8], faz um levantamento das publicações acadêmicas, no Brasil, dirigidas ao estudo da obra reichiana. Ela cita um total de onze dissertações de mestrado e oito teses de doutorado que têm ligação com a teoria reichiana, embora nem sempre centradas na obra de Reich. Dentre essas pesquisas, apenas algumas se aproximam do tema da educação. Destaco o trabalho de Albertini, *Reich: História das Idéias e Formulações para a Educação*, que, ao abordar a formação humana do ponto de vista reichiano, foi obra pioneira, em termos acadêmicos, no Brasil. Nele, o autor faz uma revisão histórica do envolvimento de Reich com a educação e traça algumas linhas básicas para a compreensão das idéias educacionais advindas do pensamento reichiano; e o trabalho da própria autora, *A Educação em Wilhelm Reich: da psicanálise à pedagogia econômico-sexual*, uma revisão sistemática dos textos de Reich referentes ao tema, centrada no aspecto da profilaxia da neurose. Em minhas próprias buscas por pesquisas relacionadas à obra de Reich, encontrei poucos trabalhos que não constavam no levantamento feito por Matthiesen, alguns em andamento e outros já defendidos. Nenhum deles, porém, centrado no tema da educação sob a ótica reichiana.

É notável a escassez de material bibliográfico, em termos de livros, ou mesmo publicações periódicas, referente à teoria reichiana, ainda mais porque seus livros foram queimados (na Alemanha nazista, na década de 1930, e nos Estados Unidos, na década de 1950), e parte de sua obra ainda não foi reeditada.

O presente trabalho se insere em um movimento que visa suprir parcialmente essa lacuna, através de novos textos que resgatem este universo, ainda hoje, praticamente desconhecido nos meios acadêmicos e fora deles.

Minha pesquisa pretende fornecer um quadro das idéias de Reich relativas à educação, que possa traduzir a riqueza de sua contribuição, seguindo o caminho do próprio pensamento reichiano.

Reich, no desenrolar de suas considerações, aproxima-se de diversos teóricos: inspira-se em Rousseau, na sua concepção de uma natureza humana social e livre que é distorcida pela sociedade; nutre-se de Nietzsche, na sua visão de um homem degenerado, que é característico de nossa sociedade, e também na sua ânsia por um

---

8. S. Q. Matthiesen, *A Educação em Wilhelm Reich:* da psicanálise à pedagogia econômico-sexual, p. 232.

novo homem; acompanha Freud em sua percepção da sexualidade como função-chave no desenvolvimento humano e da repressão a esta função como condição básica para o surgimento do homem neurótico; alimenta-se de Marx, de sua discussão da força viva no trabalho e de sua busca por uma transformação da sociedade; e orienta-se por Bergson e sua compreensão da vida e do desenvolvimento enquanto fluxo e criação.

No entanto, esses diversos teóricos não comungam entre si necessariamente. A síntese que Reich propõe para estes elementos diversos, acrescida de suas próprias contribuições, é que vai se constituir em um pensamento profundo e original. Este se desenvolveu durante todo o período compreendido entre o início das atividades de Reich como psicanalista em 1920, até sua morte em 1957. Gradualmente foi tomando a forma de uma epistemologia própria a que Reich chamou de *funcionalismo orgonômico*[9].

Embora as preocupações centrais de Reich já estejam presentes desde os seus primeiros anos como psicanalista, sua metodologia passará por diversas modificações até que adquira sua configuração mais amadurecida.

Como conseqüência de todo este percurso, observa-se, nos escritos de Reich, através dos anos, uma grande alteração da terminologia e dos conceitos-chave. Aliás, é o próprio Reich que, em prefácio à revisão feita, em 1951, para a edição em língua inglesa de seu estudo do surgimento da moralidade compulsória[10], alerta para esta mudança, justificando-a em conformidade com a evolução de seu pensamento. Considera, ainda, significativo que os conceitos e os termos utilizados por ele anteriormente, referentes às teorias que então professava – em especial, ao materialismo dialético –, não mais se afinavam ao seu entendimento, embora suas próprias descobertas fundamentais permanecessem no cerne de sua teoria, como germes de uma série de desenvolvimentos importantes. De fato, durante seu período de busca por uma conciliação psicanálise-materialismo dialético, Reich parece esforçar-se para que seus conceitos se adaptem a essas teorias; talvez, por sua crença na capacidade desses movimentos como forças transformadoras de nossa sociedade. Em seus escritos posteriores, assim como em suas revisões, Reich procura utilizar uma terminologia própria, mais de acordo com suas compreensões básicas. No presente trabalho, adoto esta mesma prática, com o objetivo de formar uma visão mais clara do pensamento amadurecido de Reich, evitando

---

9. No primeiro capítulo, traço alguns elementos essenciais desta metodologia, de modo a situar o leitor, uma vez que se trata de matéria muito pouco conhecida.
10. W. Reich, *The Invasion of Compulsory Sex-morality*, p. vii-xi.

assim adentrar pelos difíceis meandros das enormes diferenças entre traduções e revisões da obra reichiana[11].

Minha pesquisa, portanto, ocorre dentro do marco teórico do *pensamento funcional orgonômico*, embora se alimente de outros teóricos ligados ao campo da educação, quando isto se mostra enriquecedor para a discussão.

Severino propõe para o educador uma investigação crítica, em constante diálogo com a ciência aplicada à prática educativa, na procura de sua significação e intencionalidade; uma busca de "referências para balizar o conjunto de suas práticas"[12]. Esta atitude reflexiva se constrói na historicidade, sendo, portanto, provisória. E, como tal, é um processo que acompanha a realidade educacional em seu contexto histórico. Tal reflexão deve, também, exercer uma vigilância crítica diante da universalização de verdades de interesse de uma classe dominante, formadora da ideologia alienante[13].

Minha contribuição para esta atitude reflexiva tem como foco privilegiado os aspectos axiológicos das relações entre a educação, a prática política e a prática cultural, assim como o caráter antropológico da educação, em especial, a questão da liberdade da pessoa humana.

Portanto, não exponho princípios de uma filosofia da educação reichiana completa e acabada; antes, examino os elementos conceituais formulados por Reich que possam enriquecer este pensar a educação.

Faço a ressalva de que meu estudo parte de uma abordagem que compreende não só a educação formal, como a educação assistemática e informal. Embora siga as idéias de Reich até o ambiente escolar, incluindo o tema do conhecimento, não posso deixar de examinar os contextos social e familiar, relevantes nas preocupações reichianas.

Educação, portanto, é entendida aqui em sua concepção mais ampla, como descrita por Aranha[14], tanto em seus aspectos informais, na família e nos meios de comunicação, como no território da instituição escolar. Esta maneira de pensar a educação é sugerida também por Libâneo, quando afirma que:

---

11. A obra de Reich foi editada e reeditada, com revisões e alterações feitas ou supervisionadas pelo próprio autor, em diversos países. Seus livros foram proibidos e queimados, reeditados de forma clandestina e com novas traduções e revisões. Não existe um consenso entre os estudiosos da obra reichiana a respeito dos textos mais representativos. Minha intenção não é desfazer esse imenso emaranhado. Utilizo os textos que parecem se ajustar à visão mais amadurecida do pensamento reichiano, representada pelo funcionalismo orgonômico. Na bibliografia, a data da edição consultada é a que está apresentada ao final da referência, mas o leitor pode encontrar, entre parênteses, orientação sobre as datas das primeiras edições.
12. A. Severino, *Educação, Sujeito e História*, p. 34.
13. Idem, p. 115-118.
14. M. L. de Arruda Aranha, *Filosofia da Educação*, p. 56-75.

Há hoje um reconhecimento de que a educação acontece em muitos lugares, por meio de várias agências. Além da família, a educação ocorre nos meios de comunicação, nas empresas, nos clubes, nas academias de ginástica, nos sindicatos, na rua[15].

Acompanho as análises reichianas nas diversas "agências educadoras", em busca de seus aspectos formativos do homem, lembrando que as noções de educação, infância, família e escola se inserem em um momento histórico específico, podendo sofrer profundas alterações, seja no campo conceitual, seja no factual, a partir de uma possível transformação social futura. Isto é, estão investidas de uma historicidade e, como tais, precisam ser vistas como provisórias.

O trabalho está estruturado em uma parte introdutória composta pela apresentação do objeto de pesquisa e pela contextualização do próprio Reich e do quadro teórico usado. A análise propriamente dita foi dividida em duas partes: a primeira delas refere-se à crítica de Reich à educação fundada na moralidade compulsória, enquanto a segunda constitui-se no exame de alguns princípios da proposta educacional reichiana expressos em suas colocações diretamente ligadas à educação, mas também, extraídos da sua visão de homem, de mundo e de sociedade.

O primeiro capítulo é dedicado à apresentação de Reich e de alguns conceitos básicos de seu pensamento. Focalizo o sentido axiológico que Reich liga à natureza e ao funcionamento natural no homem, bem como a sua visão antropológica. Para tanto, torna-se necessário conhecer a sua desaprovação à hipótese freudiana do instinto de morte e suas conseqüências.

No segundo capítulo, examino a formação do homem-máquina. Para Reich, encontramos na sociedade atual (esta observação, embora feita por ele há mais de meio século, ainda tem total validade nos dias de hoje) um homem comum, o Zé-ninguém capaz apenas de funcionar de forma repetitiva e rígida, dentro de padrões inconscientes; que obedece a autoridade e que carece dela para lhe dizer o que fazer; incapaz de escolhas autônomas, de criar soluções e tomar decisões individuais e originais; e que, quando alçado a posições de comando, se porta como um pequeno ditador. Este fato é preocupante: por que o ser humano vivo se transforma nesta máquina repetidora, em detrimento de sua liberdade, autonomia e individualidade? Acompanho a explicação de Reich para o surgimento da moral compulsória e o desenvolvimento da personalidade autoritária, em contraposição à manutenção da auto-regulação nos bebês, nas crianças e adolescentes. Explico por que uma estrutura que já foi reprimida em sua expressão vital e, portanto, em sua capacidade de contato profundo com a vida

---

15. J. C. Libâneo, *Adeus Professor, Adeus Professora?*: novas exigências educacionais e profissão docente, p. 26.

(a natureza em si mesma), teme e até odeia qualquer fenômeno que possa perturbar o equilíbrio (neurótico) tão duramente conseguido. Por meio dessas análises, focalizo a crítica aos elementos ideológicos e afetivo-emocionais por trás das práticas educacionais que, ao invés de proporcionar ao homem uma estrutura autônoma e livre, minam a sua capacidade para a liberdade.

No terceiro capítulo, discuto a proposta reichiana de uma educação que contemple a transformação de nossa sociedade em algo novo. Reich não procura definir o que seria esta novidade. Para ele, as novas gerações têm a responsabilidade e o direito de criar para si um mundo diferente deste que lhes legamos.

O quarto capítulo é dedicado àquilo que considero o centro nevrálgico da proposta educacional reichiana: a manutenção da auto-regulação e do contato profundo com as funções naturais, por si mesma, favorece, segundo Reich, o desenvolvimento da personalidade autônoma e livre, que é absolutamente compatível com a vida social, a cultura e a civilização. Essa crença é fundamental nas considerações reichianas acerca de uma educação pela e para a liberdade.

Encerro o trabalho comentando a peste emocional e as reações da sociedade ao trabalho do próprio Reich e a outras propostas relacionadas à liberdade na educação.

1. Reich, Seu Método e Sua Concepção de Homem[1]

> Ponhamos como máxima incontestável que os primeiros movimentos da natureza são sempre retos: não existe perversidade original no coração humano[2].

WILHELM REICH (1897-1957)

A vida e a obra de Wilhelm Reich revelam um investigador perseverante e um pensador em constante evolução, à procura de uma metodologia de pesquisa e de uma teoria abrangente, que lhe permitam explicar o funcionamento do homem, da sociedade, da vida e do "não-vivo" de uma forma ampla, profunda e crítica, e que ao mesmo tempo lhe forneçam instrumentos de transformação. Isto porque seu movimento perscrutador incessante deve-se não apenas à sua avidez de conhecimento, mas também à sua grande insatisfação. Não lhe convencem as explicações até então dadas pela ciência e pela filosofia, nem os meios empreendidos por nossa civilização para solucionar as questões sociais, políticas, econômicas, ambientais e educacionais.

Neste primeiro capítulo, apresento este incansável pesquisador e algumas de suas concepções básicas, fundamentais para as pon-

---

1. Os elementos biográficos foram utilizados aqui, e nos próximos capítulos, apenas com o objetivo de situar o contexto histórico da obra de Reich. Foram obtidos das diversas biografias constantes na bibliografia, especialmente os trabalhos de: De Reich (Ilse Ollendorff), Raknes e Sharaf, assim como das obras autobiográficas do próprio Reich (*A Função do Orgasmo* e *People in Trouble*).

2. J. J. Rousseau, *Emílio ou da Educação*, p. 78.

derações que se farão mais diante, dentro do campo da educação e formação humana[3].

Wilhelm Reich nasceu em 1897, na parte oriental do império austro-húngaro. Depois de lutar na guerra de 1914-1918, chega a Viena, onde cursa medicina, especializando-se em psiquiatria. Neste período, surge o interesse pela questão da sexualidade, tema que vai levá-lo a conhecer Freud e a teoria psicanalítica. Em 1920, torna-se membro da Associação Psicanalítica e logo publica seus primeiros trabalhos. Desde então, até sua morte, em 1957, em uma prisão federal nos Estados Unidos, produz uma extensa obra que abrange áreas diversas como a psicanálise, a sociologia, a biologia, a física, a metodologia e a educação.

Os primeiros anos deste percurso são marcados pela teoria e pelo método da psicanálise. Reich torna-se um psicanalista dedicado, e em seus primeiros escritos adota um discurso consoante com as formulações de Freud. Mas, a partir de 1927, ocorre alteração deste quadro. De um lado, o seu interesse pelo aspecto social leva-o ao Partido Comunista, a Marx, Engels e ao materialismo dialético. De outro, seus questionamentos e pesquisas, no contexto da psicanálise, levam-no a divergências com relação à parte das concepções freudianas. Seu envolvimento com o Partido Comunista e suas posições teóricas discordantes de Freud logo o colocam em confronto direto com alguns dos psicanalistas do grupo próximo a este, na Associação Psicanalítica de Viena. Enquanto isso, a tentativa de uma conciliação e de uma complementação das teorias da psicanálise e do materialismo dialético, assim como o desenvolvimento de suas hipóteses relativas à técnica terapêutica, cada vez mais o afastam de Freud e exigem a formulação de uma metodologia e de uma teoria próprias que dêem conta dos novos territórios por onde seu trabalho vai enveredando: a pesquisa sobre o funcionamento energético-corporal e o campo social.

As expulsões do Partido Comunista e da Associação Psicanalítica, a fuga da Alemanha nazista, e a mudança para a Noruega, entre 1933 e 1934, vão servir como marcos da emancipação científico-teórica de Reich. Agora, por sua própria conta, afastado das organizações que o acolhiam até então, inicia um novo período de trabalho marcado pelos experimentos em laboratório, pela pesquisa do funcionamento vital e pelo desenvolvimento de uma metodologia e uma linguagem próprias para tratar os temas de sua investigação. A partir desse período ele não mais se intitula psicanalista e passa a utilizar os termos

---

3. Uma completa explanação do método reichiano seria, por si só, trabalho para uma dissertação no campo da filosofia e não caberia na proposta desta pesquisa. Para uma visão mais clara do funcionalismo orgonômico, consultar W. Reich, *O Éter, Deus e o Diabo: A Superposição Cósmica*; The Development History of Orgonomic Functionalism Part I, II e III, e A. Bedani, O Funcionalismo Orgonômico e a Orgonometria: uma breve apresentação.

"economia sexual"[4] e "vegetoterapia-caracteroanalítica"[5] para definir seus campos de estudo. Este percurso vai culminar na descoberta da "energia orgone"[6], em 1939.

Ainda em 1939, Reich muda-se para os Estados Unidos, onde inicia uma nova fase. Este período, que se estende até o final de sua vida, é marcado pelos experimentos com a energia orgone e pelo estabelecimento, em diversos trabalhos, dos princípios básicos do pensamento funcional orgonômico e da orgonomia – ciência que estuda o orgone. Suas idéias já não mais se afinam com o marxismo. Reich propõe uma nova solução, a democracia do trabalho, que se torna objeto de estudo em diversos de seus escritos, porém nunca de uma forma abrangente e sistemática.

É nesta época também que ele vai se inclinar, de uma vez por todas, para o trabalho com a educação. Para isto cria um grupo de pesquisas, o OIRC (Orgonomic Infant Research Center[7]), com o objetivo de investigar, no funcionamento infantil saudável, os elementos que possam orientar uma nova proposta educacional, em harmonia com os princípios descobertos pela orgonomia. Planeja, ainda, criar uma escola que funcionaria a partir de princípios orgonômicos, mas não consegue viabilizá-la.

Os últimos anos da sua vida são marcados por uma crise constante. Reich enfrenta um processo da FDA (Food and Drug Administration[8]), agência federal que administra o setor de alimentos e remédios nos Estados Unidos, que o acusa de charlatanismo, pois estaria vendendo acumuladores de orgone[9] como cura para o câncer. Ao final deste episódio, todos os seus livros são incinerados por ordem judicial e Reich é condenado à prisão por crime de desobediência, pois teria enviado alguns acumuladores para pacientes, após a proibição. É encontrado morto, em sua cela, no dia 3 de novembro de 1957, vítima de ataque cardíaco.

---

4. Estudo da economia da energia biológica no organismo, o seu gerenciamento. Também se refere ao nome adotado por Reich para a sua teoria, antes da descoberta do orgone e do surgimento da orgonomia e do funcionalismo orgonômico.

5. Nome dado por Reich à sua técnica terapêutica desenvolvida para lidar com o aspecto corporal, associada à técnica da análise do caráter circunscrita ao psíquico. O termo vegetoterapia tem relação direta com o sistema vegetativo autônomo, estudado por Reich em suas relações com a expansão e a contração do organismo.

6. "Energia Orgone Primordial Cósmica", universalmente presente e possível de ser demonstrada visualmente, termicamente, eletroscopicamente e através do contador Geiger-Mueller. No organismo vivo: bioenergia, energia Vital.

7. Centro de Pesquisas Orgonômicas da Infância.

8. Administração de Alimentos e Drogas.

9. Aparelhos criados por Reich para estudar a energia orgone e utilizados experimentalmente como auxiliares em processos terapêuticos.

O FUNCIONALISMO ORGONÔMICO

O período que antecede a formação de Reich como cientista, final do século XIX e início do século XX, caracterizou-se por uma série de críticas e questionamentos à era cartesiana e ao positivismo. Nomes como os de Nietzsche e de Bergson são representativos desta nova atitude. Reich sofre forte influência desses contestadores, tornando-se, ele próprio, um dos precursores da ampla discussão paradigmática ocorrida durante o século XX.

O pensamento reichiano insere-se em uma ampla tendência crítica em relação aos cânones científicos tradicionais, uma nova forma de pensar a ciência e o mundo que tem sido classificada de uma forma genérica como pós-moderna.

Qualquer generalização com relação a essas novas abordagens corre o risco de se tornar pouco criteriosa, já que não se pode falar ainda em um novo paradigma emergente que seja universalmente aceito. O que existe é apenas uma grande variedade de críticas ao velho paradigma, com diferentes propostas para substitui-lo. Uma das mais promissoras é a da pluralidade, que rejeita uma única verdade universal, inquirindo a realidade por meio dos mais diversos enfoques, concebendo, assim, um caleidoscópio revelador das muitas faces do mundo.

É evidente que tal proposta pode resvalar na falta de sistematização e de coerência que solapariam as bases da verificação crítica à validade de cada uma das teorias apresentadas. Severino acusa a tendência pós-moderna de negar completamente os estatutos científicos positivistas e de gerar um "cenário de anarquia metodológica"[10].

Reich aproxima-se das propostas pós-modernistas em seu repúdio aos princípios newtoniano-cartesianos de ordem e de determinação absoluta do universo. No entanto, sua metodologia está muito distante do cenário anárquico descrito por Severino, já que se caracteriza exatamente pela sistematização, "de tal modo que a *racionalidade* inerente à sólida pesquisa científica nos conduza, de modo lógico, da observação à hipótese, à confirmação experimental e à nova descoberta"[11]. Reich propõe a edificação de um novo estatuto científico, capaz de responder a uma nova visão de homem e de mundo. O pensamento funcional orgonômico nasce como uma importante ferramenta para "a investigação, a compreensão e a proteção da vida como uma força da natureza, (...) fora dos moldes de trabalho da civilização místico-mecanicista"[12].

---

10. A. J. Severino, A Pesquisa em Educação: a abordagem crítico-dialética e suas implicações na formação do educador, p. 15.
11. W. Reich, The Development History of Orgonomic Functionalism (Part I), p. 1. Grifado no original.
12. Idem, *Ether, God and Devil & Cosmic Superimposition*, p. 11.

Quando Nietzsche, reagindo contra o formalismo neokantiano e o otimismo empírico dos positivistas, advertiu que a humanidade se encontrava numa encruzilhada decisiva de transmutação de todos os valores, compreendeu que efetivamente não se tratava de uma simples passagem de um momento para outro da história, mas de algo mais profundo que dizia respeito à concepção mesma do homem[13].

Reich encontra-se exatamente nessa encruzilhada, observando a pequenez do homem em contraposição às suas possibilidades. Ressente-se de uma ampla transformação na realidade cultural e política, e também na imagem que o homem tem de si mesmo. Quando se dirige ao Zé-ninguém, censura-lhe o medo dos altos vôos e conclui:

> Nietzsche há muito tempo lhe disse isso muito melhor do que eu. Ele queria elevá-lo para que você se tornasse um super-homem, para que superasse o meramente humano. Em vez do super-homem de Nietzsche você aceitou o Führer, Hitler. E você continuou sendo o que era, o subumano[14].

Reich quer desvendar o homem e ajudá-lo na sua evolução.

A consciência de ser o autor de um pensamento original não impede que Reich reconheça a contribuição dos teóricos que o antecederam neste percurso. Do materialismo dialético, aproveita a abordagem do homem em seu contexto histórico-social, a crítica da sociedade atual e de sua estrutura de dominação, e a vocação transformadora. Mantém, ainda, a noção de trabalho como força viva, uma função da vida no homem[15].

Entretanto, Reich também herda da psicanálise a questão do indivíduo e de sua estrutura psíquica. Em seu livro *Materialismo Dialético e Psicanálise*, de 1929, propõe a "integração teórica da psicanálise na pesquisa marxista"[16], afirmando que esta necessita de uma teoria complementar capaz de elucidar a estrutura individual inserida no intercâmbio social.

O funcionalismo orgonômico é a superação dessa tentativa de conciliação metodológica. Além de beber nessas duas fontes, sofre influência fundamental de Bergson, cujas idéias se aproximam mais da cosmovisão e da visão de homem reichianas.

Albertini destaca algumas congruências entre os pensamentos bergsoniano e reichiano: "a relação entre vida – liberdade, autocriação constante – e morte – fixação, cronificação". E mais adiante:

> a) a aceitação de um impulso vital criador; b) a utilização de um conceito de coragem com o mesmo significado básico; c) a importância atribuída à compreensão empática, em detrimento do pensamento, para captar o vivente; d) o entendimento de que o profundo é simples e o complicado é superficial; e) a concepção de positividade,

---

13. M. Reale, *Pluralismo e Liberdade*, p. 19.
14. W. Reich, *Escute, Zé-Ninguém!*, p. 30.
15. Idem, *People in Trouble*, p. 51.
16. Idem, *Materialismo Dialético e Psicanálise*, p. 145.

de presença, e não de conflito como estruturante primário; f) o entendimento de que é possível captar a vida interior pela observação dos movimentos do corpo[17].

Porém, essa influência bergsoniana entra em diálogo com a formação científico-mecanicista do médico Reich. Durante seus estudos na faculdade de medicina, Reich havia experimentado o conflito entre as explicações mecanicistas e vitalistas para a vida. "A pergunta – 'Que é a Vida?' – inspirava cada uma das minhas novas aquisições de conhecimento"[18]. Mecanicismo e vitalismo vão se tornar para ele os representantes maiores da crise que se estabelece na ciência, tomando-lhe quase duas décadas para equacionar a contradição existente entre as duas tendências.

Reich quer harmonizar o método científico baseado em leis e regularidades com a evidência de que, nas funções naturais, o elemento indeterminado e a variação são características fundamentais. "Esta simultaneidade e variação da forma básica refletem uma concomitância do definido e do indefinido, do finito e do infinito nas leis naturais"[19].

O novo surge em um processo contínuo de criação, a partir de ramificações diversas de um princípio funcional comum[20]. O funcionalismo orgonômico, ao dirigir sua atenção para a descoberta do princípio funcional comum, está se orientando ao mais profundo, mas também ao mais simples, enquanto a ciência que se volta ao particular, à especialização, ao complexo, volta-se também ao mais superficial.

A orgonomia estuda as funções básicas no campo energético, no biológico e no psíquico. Função entendida como "movimento que é próprio a algo" e como "uma relação de dependência recíproca". "Compreender funcionalmente significa compreender um fenômeno em suas inter-relações"[21].

O fluxo energético, o movimento, o não-estático são elementos centrais para a compreensão dos fenômenos relacionados ao vivo e, portanto, à história humana e aos processos ligados a ela.

Seguindo os princípios básicos do pensamento funcional, investigarei as funções primitivas mais profundas do processo da formação

---

17. Não seria possível, aqui, uma discussão detalhada de cada um desses itens. Apresento essa comparação feita por Albertini apenas para mostrar a forte influência de Bergson, e para destacar alguns dos elementos que dão colorido especial ao pensamento reichiano. A maior parte destes conceitos será discutida em seu devido contexto, durante os próximos capítulos. P. Albertini, *Reich*: história das idéias e formulações para a educação, p. 92.
18. W. Reich, *A Função do Orgasmo*, p. 29.
19. Idem, The Development History of Orgonomic Functionalism (Part I), p. 14.
20. Função primitiva que se encontra na raiz da formação das variações, ou de um par funcional.
21. A. Bedani, op. cit, p. 24.

humana, sempre consciente de seus desdobramentos em variações mais complexas e, ao mesmo tempo, menos abrangentes.

Não se deve perder de vista que a prática educacional manifesta-se tanto no aspecto individual, psíquico-emocional, como no social, nas relações entre os diversos indivíduos e grupos envolvidos. Será inevitável enveredar pelos campos da psicologia e da sociologia reichianas, para descobrir os paradigmas que fundamentam as finalidades educacionais presentes em seu pensamento.

A concepção reichiana de homem não poderia deixar de ser examinada aqui, já que é um dos pilares da sua contribuição à educação.

A CONCEPÇÃO DE HOMEM, EM REICH

Desde o seu tempo de estudante de medicina, Reich demonstra curiosidade pelo ser humano. Quando ingressa na psicanálise, fazendo-se discípulo de Freud, esse interesse torna-se mais definido. A adesão ao pensamento freudiano permite-lhe conciliar elementos aparentemente contraditórios de sua formação, que serão sintetizados em sua concepção de homem.

A posição da psicanálise, no panorama das ciências que estudam o psiquismo humano, é bastante estratégica.

Figueiredo divide o pensamento psicológico em duas grandes tendências, a cientificista e a romântica[22]. De um lado, estão os que seguem o modelo das ciências naturais, buscando a quantificação, os modelos mecanicistas, "classificações e leis gerais de caráter predicativo"; de outro, os que defendem o desenvolvimento de uma metodologia própria para as ciências humanas, compatível com o seu objeto. Mais adiante, situa a psicanálise em ambas as linhas, já que vê nela um aspecto "determinista funcional" típico das teorias funcionalistas, de cunho cientificista[23], enquanto o seu aspecto interpretativo a aproxima das matrizes compreensivas, de influência romântica[24].

Esta característica intermediária, ou, no dizer de Figueiredo, "esta terra de ninguém epistemológica em que [a psicanálise] se originou"[25] entre a objetividade determinista e a intersubjetividade humanista, pode ter sido um motivo importante para despertar o interesse de Reich por ela.

---
22. L. C. M. Figueiredo, *Matrizes do Pensamento Psicológico*, p. 27.
23. Idem, p. 95-100.
24. Idem, p. 167-169.
25. Idem, p. 99. Entendo a utilização da expressão "terra de ninguém" como a descrição do fato de que Freud inaugura um território novo para a investigação do funcionamento humano.

É uma época em que a oposição entre a psicologia científica nascente, de paradigma cientificista, positivista, e a psicologia de tradição introspectiva, com raízes na filosofia, caracteriza o debate em torno do que é o homem. A primeira o vê absolutamente determinado por processos biológicos internos, ou por sua história, seu aprendizado de comportamentos, negando-lhe até a própria existência da liberdade.

> As leis que governam o homem são primordialmente iguais às leis universais que governam todos os fenômenos naturais. Portanto, o método científico, tal como desenvolvido pelas ciências físicas, é também apropriado para o estudo do organismo humano[26].

Já a psicologia de tradição introspectiva vê o homem como "a fonte de todos os seus atos", como consciência autodeterminada, não dependente de processos biológicos. "O homem é essencialmente livre para fazer escolhas em cada situação"[27].

A noção de um ego intermediador entre as pulsões instintuais e a realidade exterior nega o determinismo absoluto, ao passo que a hipótese do inconsciente contraria a idéia de autodeterminação, ao afirmar a existência de motivações para a ação e decisão humanas que estão fora do campo da consciência e relacionadas à história do indivíduo. Freud utiliza a metodologia científica, aprendida em sua formação de médico, para adentrar o território introspectivo, abrindo as portas para uma nova sistemática de investigação do fenômeno psíquico humano.

De qualquer forma, a proposta de uma metodologia apropriada para se estabelecer nexos causais para a subjetividade humana, sem cair em um mecanicismo positivista tendente a um determinismo absoluto, ofereceu a Reich um campo seguro para os seus passos iniciais.

A visão de homem em Freud atrai o jovem Reich, que a identifica com suas próprias concepções, embora estas, mais do que fruto de reflexão rigorosa, sejam ainda bastante intuitivas.

Mas, nesse início da década de 1920, Freud está alterando parte de seus conceitos: a oposição entre o princípio do prazer e o princípio da realidade, até então tida como conflito central da vida psíquica, é substituída pelo dualismo Eros e pulsão de morte, hipótese apresentada por ele em *Além do Princípio do Prazer*, em 1920, o mesmo ano em que Reich ingressa na Associação Psicanalítica.

Reich encontra-se, então, em um dilema. O Freud dos primeiros anos possui uma visão de homem otimista, em que as forças centrais do funcionamento psíquico estão relacionadas ao prazer, à sexualidade e à vida. Os princípios do prazer e da realidade, que compõem a primeira idéia de conflito em Freud, não se excluem totalmente, não

---

26. F. Milhollan; B. E. Forisha, *Skinner x Rogers*: maneiras contrastantes de encarar a educação, p. 17.
27. Idem, ibidem.

são incompatíveis. O principal obstáculo ao funcionamento saudável e, portanto, mais feliz do ser humano, é a repressão excessiva às pulsões sexuais, fato cultural manifesto na civilização ocidental européia, não constituindo característica imutável do homem. Mas, agora, seu mestre apresenta-se mais pessimista, reflexo talvez de suas próprias desilusões[28]. Freud agora fala em duas grandes forças pulsionais, uma dirigida à vida e ao amor (Eros) e outra dirigida à desagregação, destruição e morte (Thanatos). Dois princípios inconciliáveis de natureza biológica que inspiram à noção de "conflito inevitável", idéia que se tornou emblemática, influenciando decisivamente as formulações para a educação embasadas na psicanálise.

A princípio, Reich não se dispõe a contrariar seu mestre, a despeito de não estar convencido da hipótese da pulsão de morte. Do ponto de vista técnico-terapêutico, não vê motivos para a construção desse conceito que, teoricamente, não se sustenta. A pulsão sexual tem como força motora a libido[29], enquanto nenhuma energia pode ser associada à pulsão de morte.

Reich segue suas pesquisas sobre o funcionamento humano, dentro da psicanálise. A questão que lhe parece central é a da perturbação à sexualidade e o seu reverso, a potência orgástica[30].

De um lado, ele constata que a neurose, ou pelo menos as condições básicas para o surgimento desta – a saber, a incapacidade para a descarga energética sexual saudável –, está presente na maioria da população. "Não podia haver mais nenhuma dúvida de que o povo se tornava neurótico em larga escala"[31]. Passa a pensar a neurose, ou melhor, a impotência orgástica, como uma doença social, uma epidemia.

Por outro lado, não vê nesta generalização dos problemas causados pela repressão sexual uma prova de sua origem biológica, como querem alguns psicanalistas imbuídos da teoria da inevitabilidade do conflito. Para Reich, tal posição corresponde à naturalização de um mal que, na realidade, tem feição social, porquanto adquirido pelo indivíduo imerso em uma cultura que não aceita as manifestações instintuais básicas da infância.

---

28. W. Reich, *A Função do Orgasmo*, p. 188.
29. Energia postulada por Freud como fonte das pulsões sexuais.
30. Capacidade do indivíduo de ter orgasmos satisfatórios, do ponto de vista da descarga da energia sexual, regularmente. Reich formula o conceito de potência orgástica a partir da constatação, por meio de uma pesquisa com seus pacientes, de que todo transtorno neurótico está associado a uma perturbação no funcionamento da sexualidade, e de que toda melhora duradoura de sintomas está associada à adoção, por parte do indivíduo, de uma vida sexual regular saudável (W. Reich, *A Função do Orgasmo*, p. 93-94).
31. Idem, p. 172.

Três fatos corroboram sua hipótese. Os pacientes que atingem um nível satisfatório de saúde demonstram que é possível uma boa economia energética sexual[32]. Em sua militância, convive com jovens pertencentes a classes mais baixas, onde a repressão à sexualidade é menos estruturada, e observa, entre eles, que alguns possuem uma regulação energética sexual mais saudável que a de membros da classe média e alta atendidos em seu consultório[33]. Finalmente, alguns trabalhos etnográficos – especialmente o de Malinóvski[34] – demonstram a existência de culturas em que há pouca repressão sexual, e nenhuma incidência de neurose. Os indivíduos desses povos demonstram caráter amigável, aberto e franco, de uma pureza ética e sociabilidade espontânea não encontrada em povos vizinhos, que têm uma vida sexual mais reprimida[35].

As características comuns na conduta de seus ex-pacientes (de análises bem-sucedidas) e no comportamento descrito por Malinóvski, nos trobriandeses[36], chama a atenção de Reich[37].

Em 1932, Reich publica um estudo de caso sobre o masoquismo em que refuta clinicamente a hipótese da pulsão de morte. Afirma, então:

Pela primeira vez, na história da patologia sexual, foi provado, com base em investigação clínica, que:

1) O fenômeno usado para justificar a hipótese da teoria da pulsão de morte pode ser seguido até uma forma específica de *angústia orgástica*[38].

2) O masoquismo não é uma pulsão determinada biologicamente; ao contrário, é uma pulsão *secundária*[39] no sentido que lhe dá a economia sexual, isto é, o resultado de uma repressão de mecanismos sexuais naturais.

3) Não existe um desejo biológico de desprazer; portanto, não existe uma pulsão de morte[40].

Explica ainda que a pulsão de autodestruição, também definida pelos psicanalistas como masoquismo primário, surge a partir de uma experiência conflituosa entre uma pulsão sexual e a realidade frustradora, uma composição de agressividade, culpa, amor frustrado e angústia orgástica, na forma de medo de explodir. O desejo de desprazer

---

32. W. Reich, *The Sexual Revolution*: toward a self-regulating character structure, p. 5-9.
33. Idem, *People in Trouble*, p. 103.
34. B. Malinowski, *A Vida Sexual dos Selvagens*.
35. W. Reich, *The Invasion of Compulsory Sex-morality*, p. 28-37.
36. Habitantes das ilhas Trobriand, no Pacífico Sul.
37. W. Reich, *People in Trouble*, p. 122.
38. Forma particular de angústia que surge diante da possibilidade do movimento orgástico espontâneo.
39. Ver discussão de pulsões primárias e secundárias a seguir.
40. W. Reich, *Character Analysis*, p. 225. Grifado no original.

aparece como uma alternativa para aliviar-se, de forma substituta. Reich entende que, se a pulsão de autodestruição pode ser, por meio do trabalho analítico, convertida em outros tipos de pulsão, a saber, agressividade em defesa da vida e amor frustrado, não se trata de uma pulsão primária, de natureza biológica. Por seu lado, a pulsão sexual constituída pelo amor ao pai não pode ser transformada. Apenas o seu objeto é passível de mudança, do pai para outro parceiro adequado, sem que sua meta – o amor e o desejo genital – seja alterada. Trata-se, portanto, de uma pulsão primária, isto é, biológica.

O trabalho com o masoquismo dá a Reich a segurança necessária para sustentar a sua postura contra a hipótese da pulsão primária de morte. Mas também o coloca em confronto direto com as posições assumidas por Freud. O debate que se segue, então, assume um caráter mais político do que teórico. Segundo Reich, Freud e os psicanalistas, recusando-se a debater o tema seriamente, acusam-no de sustentar tal posição devido a sua filiação ao Partido Comunista[41]. De qualquer forma, essa dissidência, juntamente com outras de caráter técnico, vão acabar por definir o afastamento de Reich da psicanálise, em 1934.

Menciono o debate de uma maneira pormenorizada, porque esta particular concepção do mundo pulsional – mais próxima das idéias de Freud anteriores à década de 20 – está no verdadeiro cerne da visão reichiana de homem. Além disso, a polêmica induz Reich a aprofundar sua concepção antropológica, até então formada apenas de uma maneira bastante intuitiva sob a influência de suas leituras apaixonadas de Bergson e Nietzsche, durante seu curso de medicina, culminando no que ele considera, anos mais tarde, uma verdadeira reviravolta no curso do conhecimento do ser humano[42].

Para Reich, a destrutividade humana, assim como a repressão sexual, é um fato social e não biológico. Portanto, o homem pode se desenvolver livre da neurose, desde que encontre uma outra forma de educar as novas gerações. Para isso é preciso que aprenda de que forma a destrutividade patológica se implantou na cultura. O estudo do surgimento da destrutividade como conseqüência da repressão à sexualidade leva Reich à certeza da contingência do modo de ser do homem e à elucidação da função social do autoritarismo.

> Uma simples, mas tenaz, interpretação errônea da natureza governa toda a educação e a filosofia cultural. É a idéia de que natureza e cultura são incompatíveis. A partir desta ideologia "cultural", os psicanalistas têm falhado em distinguir entre pulsões naturais primárias e pulsões secundárias cruéis e perversas e, continuamente, matam a natureza do recém-nascido, enquanto tentam extinguir o "pequeno animal selvagem". Ignoram completamente o fato de que é exatamente o *assassinato do princípio natural que produz a natureza secundária, perversa e cruel*, a assim chamada "natureza

---

41. Idem, p. 225-226.
42. W. Reich, *The Invasion of Compulsory Sex-morality*, p. 10.

humana", e de que estas criações artificiais, por sua vez, tornam necessário o moralismo compulsivo e as leis brutais[43].

A tese freudiana de conflito instintual inevitável, assim como de pulsão primária de autodestruição que gera a pulsão agressiva dirigida ao mundo, fornece bases científicas para uma longa tradição filosófica judaico-cristã, segundo a qual o homem é originalmente mau. O homem nasce no pecado e na maldade e apenas a educação pode afastá-lo desse caminho, por meio do treinamento, do cerceamento dos desejos infantis e da aplicação de uma moral exterior ao indivíduo, pela força.

No entanto, esta tradição encontrou oposição, na modernidade, em pensadores encabeçados por Rousseau, que acreditam que, em princípio, o homem é bom e que, sem interferência, crescerá em harmonia com a natureza. Reich se insere no segundo grupo, embora reconheça que esse momento histórico parece confirmar muito mais a hipótese pessimista de Freud.

Reich vê o homem sob dois aspectos:

eu havia aprendido a ver as pessoas a partir de duas perspectivas: eram freqüentemente corruptas, servis, desleais, cheias de vazios chavões, ou simplesmente secas. Mas não eram assim por natureza. Haviam se tornado assim por causa das condições da vida. No início, porém, poderiam ter-se tornado um tanto diferentes: decentes, honestas, capazes de amar, sociáveis, mutuamente responsáveis, sociais sem compulsão. Estávamos lidando com contradições do caráter que refletiam contradições da sociedade. Cada vez mais, eu entendia que aquilo que se chama de "mau" e de "anti-social" é um mecanismo neurótico[44].

De um lado, Reich encontra, nesse determinado momento histórico-cultural, o indivíduo comum de nossa cultura, tão bem delineado em seu livro *Escute, Zé-ninguém!*[45]. Um homem pequeno, neurótico, infeliz, impotente e anti-social. De outro, vislumbra o ser humano em seu potencial, o homem saudável, o homem do futuro, capaz de assumir diferentes feições a partir de suas funções naturais básicas, inclusive a da saúde mental, da decência, da sociabilidade, da criação e da potência orgástica.

No capítulo "O Caráter Genital e o Caráter Neurótico", que faz parte do livro *Character Analysis* (Análise do Caráter), Reich descreve esses dois homens a partir de suas atitudes típicas e de suas estruturas psíquicas.

---

43. W. Reich, *Children of the Future*: on prevention of sexual pathology, p. 17-18. Grifado no original.
44. Idem, *A Função do Orgasmo*, p. 188-189.
45. Escrito como um desabafo, na segunda metade dos anos de 1940, sob influência evidente de *Assim Falou Zaratustra*, de Nietzsche.

O caráter genital é definido como aquele que, em termos de desenvolvimento, chegou ao pleno estabelecimento da fase genital e, portanto, está apto à descarga sexual energética através do orgasmo (potência orgástica). Possibilita o surgimento de uma personalidade integrada, com alto potencial criativo, com capacidade para o trabalho e para o amor. Sua racionalidade, curiosidade e sociabilidade são genuínas.

O caráter neurótico é determinado por seu desenvolvimento truncado, em que as regressões e fixações impedem o pleno surgimento da função genital. Seu portador sofre de impotência orgástica, não possuindo meios adequados de descarga energética. A energia não eliminada transforma-o em uma "bomba-relógio" que pode explodir na forma de uma neurose, ou doenças somáticas, a qualquer momento, ainda que seu comportamento corresponda aos padrões normais da nossa sociedade. Sua personalidade não é de todo integrada, tem baixo potencial criativo, pouca capacidade para o trabalho e necessita de regras heterônomas de conduta. Possui uma visão deturpada do amor, é irracional, anti-social, mesquinho e invejoso.

É importante ressaltar algumas conclusões de Reich que se opõem frontalmente ao senso comum. Para Reich, ao contrário de Freud, a satisfação sexual é essencial para a manutenção da capacidade para o trabalho. Enquanto Freud vê na sublimação[46] das pulsões sexuais a condição básica para o trabalho e para a construção da cultura e civilização, Reich acredita que a sexualidade genital não admite sublimação, reclamando satisfação. A insatisfação sexual levaria a um decréscimo na capacidade para o trabalho, uma vez que obrigaria o indivíduo a concentrar seus esforços na repressão à sexualidade. Como exemplo, destaca os sonhos diurnos, tão comuns nos neuróticos[47].

Outro elemento relevante é a racionalidade. Para Reich, o indivíduo de caráter neurótico distingue-se pela irracionalidade, uma vez que suas decisões são tomadas sob o influxo de motivações inconscientes e, apenas então, racionalizadas[48]. Assim, embora tenham aparência racional, não o são verdadeiramente. Já o portador de caráter genital, carente de recalques, tem uma consciência maior de suas motivações, levando-as em conta nas suas escolhas, que são, por isso, mais racionais.

Reich esclarece que a classificação em caráter genital e neurótico é conceitual[49]. Não existe o homem puramente genital, assim como não há o seu contrário absoluto. Estes tipos ideais foram concebidos como modelos de desenvolvimento. Da mesma forma, quando Reich se refere ao Zé-ninguém, não se dirige a um grupo específico de indivíduos,

---

46. Processo pelo qual as pulsões sexuais são redirecionadas para alvos culturalmente mais valorizados.
47. W. Reich, *Character Analysis*, p. 186.
48. Idem, p. 181
49. Idem, p. 192.

mas à porção doente, pequena e mesquinha que existe em todos os integrantes de nossa cultura. Reich[50] inicia o texto reportando-se à sua própria faceta Zé-ninguém.

Em seu livro *The Sexual Revolution...* (A Revolução Sexual)[51], Reich relata a experiência de pessoas ligadas à economia sexual (inseridas em um contexto maior de luta por mudanças na ordem social) que adotam procedimentos com vistas à reestruturação de si mesmas, em conformidade com o funcionamento vital. Alerta, no entanto, que ninguém criado na cultura ocidental possui estrutura afirmativa da vida, em razão do ambiente repressivo, onde o funcionamento natural é visto como perigoso.

Reich não propõe um modelo pronto de ser humano, mas apenas algumas indicações básicas apreendidas em sua experiência clínica e em seus estudos e reflexões, que guiem, na prática, esta tentativa de transformação. Dirigindo-se ao Zé-ninguém, Reich exclama: "UM VISLUMBRE DO FUTURO. Não posso lhe dizer qual será seu futuro. [...] Posso lhe dizer, porém, o que você decididamente *não* fará nos próximos quinhentos, mil ou cinco mil anos"[52]. Assim, o homem do futuro caracteriza-se por ser livre, não-previsível, mais definido pelo que aprenderá de seu passado, para não repetir os erros que vinha cometendo, do que pelas escolhas que fará.

Por meio de sua análise e teoria do caráter, Reich examina o funcionamento repetitivo básico do homem atual, o pequenino Zé-ninguém. Seus pacientes relatam a sensação de que suas atitudes de defesa e resistência à análise parecem uma couraça que os protege contra o sentimento de angústia, mas que também os mantêm distantes do mundo. Então, Reich desenvolve o conceito de couraça, definindo-a como uma defesa, uma proteção do ego[53]. A couraça do caráter neurótico é a versão enrijecida, uma atitude crônica que impede o indivíduo de agir livremente, espontaneamente, e, acima de tudo, paralisa o seu metabolismo. Desenvolve-se com o intuito de evitar a angústia causada pelas frustrações instintuais, no confronto da criança com o mundo que a cerca. Esse comportamento torna-se inconsciente e a couraça passa a funcionar de forma autônoma, não havendo necessidade de esforço consciente para mantê-la. Com o tempo, a pessoa atuará e aparentará ser daquele jeito, isto é, como se essa personalidade crônica adquirida fosse de sua própria natureza.

50. W. Reich, *Escute, Zé-Ninguém*, p. 11.
51. Surgido na forma de diversos artigos sobre a política da sexualidade, que foram publicados no final dos anos 20 e começo dos anos 30, e editado na sua forma final, em 1945.
52. W. Reich, *Escute, Zé-ninguém!*, p. 115. Grifado no original.
53. Idem, *Character Anlysis*, p. 153-168.

A ilusão de que o caráter (artificialmente construído pela educação repressora) é a natureza do indivíduo está na base da concepção de uma natureza humana originalmente corrompida.

Reich encara, portanto, a formação da personalidade em função da construção da couraça de caráter. Isto ocorre principalmente na primeira infância, até os cinco a sete anos, tendo como influência maior o meio familiar, mas só vai adquirir sua forma definitiva e seu grau de enrijecimento no final da adolescência, quando o ambiente social assume um papel fundamental.

No entanto, o conceito de couraça não é histórico-determinista; não há nenhum fio condutor misterioso entre o passado e o presente. Para Reich[54], o que sustenta o caráter é sua dinâmica atual; sua tarefa é ocultar a angústia e consumir a energia não descarregada. O indivíduo necessita desse mecanismo devido à sua impossibilidade de se entregar aos processos espontâneos da vida, em especial, à descarga orgástica. Se tivesse sua satisfação instintual preservada, a defesa do caráter perderia sua função. Por outro lado, é o próprio caráter que impede essa entrega, estabelecendo assim um círculo vicioso.

Segundo Reich, a sociedade é composta por indivíduos encouraçados. O homem tal qual se apresenta hoje: que vive, pensa, trabalha, planeja, relaciona-se com os outros e educa conforme a rigidez de sua couraça, que lhe empresta uma qualidade repetitiva, maquinal. Por isso, age e percebe-se como uma máquina, acreditando que essa é a sua natureza, sem se dar conta de que se trata apenas de um comportamento adotado em seu convívio social.

Essa conduta forjada pela rigidez da couraça neurótica, para Reich, precisa ser substituída por procedimentos mais fluidos e flexíveis, de acordo com o funcionamento da vida.

A investigação dos mecanismos da couraça induz Reich ao estudo dos fenômenos corporais. "Em 1929, comecei a compreender que o conflito original na enfermidade mental (a contradição insolúvel entre o impulso para o prazer e a frustração moralística de prazer) está fisiológica e estruturalmente ancorado em uma perturbação muscular"[55]. Antes, seu questionamento antropológico ocupava-se apenas do psíquico; agora, a relação entre corpo e mente torna-se problema central.

Esta síntese não pode se limitar ao âmbito da psicanálise, reclama um novo quadro teórico que contemple o aspecto psíquico e o biológico em um todo funcional. Reich inicia uma série de experimentos em laboratório para investigar a correlação soma-psique, além de estudos complementares de biologia e fisiologia. Gradativamente, suas novas descobertas compõem o arcabouço do funcionalismo orgonômico.

54. Idem, *A Função do Orgasmo*, p. 101-105.
55. Idem, p. 221.

Alguns pontos dessa transformação, ou melhor, da ampliação da discussão reichiana, precisam ser examinados detidamente para que aflore a sua noção antropológica mais abrangente.

Em seu trabalho terapêutico, Reich observa que corpo e mente participam conjuntamente nas atitudes defensivas – na couraça – e na expressão emocional. No entanto, nem sempre apresentam uma relação direta entre si. Em muitos momentos, os processos corporais e psíquicos são paralelos e, em outros, influenciam-se mutuamente.

Bergson havia sugerido que:

> Intelectualidade e materialidade ter-se-iam constituído, no pormenor, por adaptação recíproca. Uma e outra derivariam de sua forma de existência mais vasta e mais elevada. Eis onde seria necessário recolocá-las, para vê-las sair daí[56].

Reich constrói o conceito de identidade funcional para o somático e o psíquico. Corpo e mente são vistos como um par funcional, duas variações desenvolvidas a partir de um processo mais primitivo no organismo: a atividade biofísica, seu princípio funcional comum. Como ramificações, a um só tempo, obedecem às regras gerais de seu princípio formador e a leis próprias, diferenciadas[57].

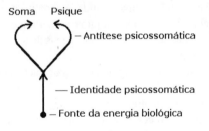

Fig. 1: Esquema da identidade psicossomática, segundo Reich.
Retirada do livro *A Função do Orgasmo*, p. 227.

Desta forma, consegue contemplar os diversos aspectos desse elo. Corpo e mente são idênticos, pois ambos são expressões de um mesmo princípio funcional. Entretanto, por suas características individuais, têm evolução própria, paralela e, até certo ponto, independente. Ao

---

56. H. Bergson, *A Evolução Criadora*, p. 196.
57. Outro exemplo de identidade funcional é a conexão entre os reinos vegetal e animal. Ambos têm suas especificidades, mas seguem as normas comuns a todos os seres vivos.

mesmo tempo, possuem uma relação antitética, influenciando-se constantemente por meio de sua raiz formadora, sua fonte energética[58].

Bergson também descrevera o desenvolvimento da vida como um fluxo criativo em que processos rudimentares cindem-se e recriam-se. Não uma série de "acidentes" cujo bom resultado lhes garantiria a sobrevivência, nem uma construção finalista com o objetivo projetado de antemão, mas uma evolução gradual de funções cada vez mais especializadas, cujas soluções individuais se caracterizam pela indeterminação e pelo surgimento do novo. "Atribui-se implicitamente à matéria organizada uma certa capacidade *sui generis*, o misterioso poder de montar maquinismos muito complicados para tirar partido da excitação simples da qual sofre a influência"[59].

Para Reich, as atividades complexas humanas decorrem sempre de funções mais simples, mais primitivas. A consciência, por exemplo, é a especialização da autopercepção, advinda da auto-regulação e da sensibilidade às excitações energéticas que todos os seres vivos possuem[60].

Reich discute "o enraizamento da razão na natureza", no capítulo com este título, do livro *Ether, God and Devil & Cosmic Superimposition* (O Éter, Deus e o Diabo; Superposição Cósmica), de 1951. Demonstra que a razão é função natural do homem e, portanto, participa harmonicamente dos processos vitais. Critica a idéia de incompatibilidade entre emoção e razão, sendo tal contradição uma criação cultural, decorrente do encouraçamento crônico.

Em 1939, Reich encontra provas e a formulação teórica satisfatória para a energia operante nos seres vivos, que, segundo ele, não pode ser interpretada segundo os conceitos da física então vigentes. Ou seja, não se trata de eletromagnetismo, mas de uma forma de energia jamais descrita por cientistas, embora mencionada por diversas correntes filosóficas e místicas. Reich denomina-a *orgone*[61].

A antropologia reichiana não se encontra mais centrada no fenômeno da consciência, mas na vida e na energia. O homem é profundamente enraizado na natureza.

Na natureza, podemos assinalar dois grandes saltos que introduziram processos mais graduais de desenvolvimento. O primeiro foi o do estado inorgânico para o orgânico ou vegetativo. O segundo, do estado orgânico para o desenvolvimento do

---

58. W. Reich, The Development History of Orgonomic Functionalism (Part I), p. 7.
59. H. Bergson, op. cit., p. 100.
60. W. Reich, *Character Analysis*, p. 442.
61. O termo *orgone* vem de organismo e orgasmo, os principais objetos de estudo que levaram Reich à descoberta da energia vital (W. Reich, *The Cancer Biopathy*, p. 90). Algumas traduções de textos de Reich e seus seguidores trazem o termo grafado como *orgônio*. Prefiro a forma original em inglês, também utilizada em traduções para o português, já que orgônio assemelha-se a nome de gás.

aparato psíquico, particularmente da consciência, com a sua habilidade central de *estar-ciente-de-si*[62].

O funcionamento vital não mais resulta de um metafísico *élan vital*, nem de uma hipotética libido, mas de uma energia mensurável, com funções que lhe são próprias, suscetível de estudos e interpretações no nível do "não-vivo", da vida e do humano. A concepção reichiana de homem, que emerge dessas discussões, é expressa por alguns de seus componentes essenciais. Não se trata de um fenômeno à margem da natureza, mas uma de suas possíveis especializações. Não é produto acabado, já que a vida é sempre fluxo e criação; é potencialmente mutável, capaz de gerar novas modalidades de vida até hoje impensadas. Seu funcionamento é conseqüência direta da sua economia energética. A maneira como interpreta a si mesmo e a natureza à sua volta depende de sua estrutura de couraça. O não-encouraçado está em contato com suas sensações básicas, o que lhe permite acompanhar o fluxo e o movimento da vida em si e nos outros seres vivos. A vida, para ele, é permanentemente variável. Já o encouraçado mecanicista vê o mundo pelo filtro de sua couraça, que distorce e diminui a intensidade de suas impressões. Para este, a natureza é estática e a vida não passa de uma construção mecânica complexa. Essa diferença na autopercepção e na percepção do mundo produz as diferentes cosmovisões e visões de homem através da história[63].

Reich fundamenta sua cosmovisão e sua antropologia na percepção funcional orgonômica da natureza, viabilizada pelo desencouraçamento, ou o não-encouraçamento. Nesse ponto de vista, a humanidade vem construindo, ao longo de milhares de anos, esta civilização que se opõe às funções vitais. A supressão da sexualidade "surgiu no desenvolvimento histórico, não tem origem biológica. Portanto, é possível criar uma cultura em que crianças e adolescentes possuam liberdade sexual"[64]. No momento em que compreende esses fatos, o ser humano poderá tomar outros rumos.

---

62. W. Reich, *Character Analysis*, p. 353.
63. Idem, *Ether, God and Devil & Cosmic Superimposition*, p. 56.
64. Idem, *People in Trouble*, p. 122.

2. A Educação dos Homens-Máquina

O homem-máquina de La Mettrie é ao mesmo tempo uma redução materialista da alma e uma teoria geral do adestramento, no centro dos quais reina a noção de "docilidade" que une ao corpo analisável o corpo manipulável. É dócil um corpo que pode ser submetido...[1].

QUESTIONANDO A EDUCAÇÃO VIGENTE

No capítulo anterior, destaquei duas visões de homem presentes no pensamento reichiano. O Zé-ninguém, homem-máquina, pequeno, inseguro, autoritário, que Reich entende ser o *homo normalis* de seu tempo. Em contraposição, o homem-potência, que o ser humano pode vir a ser, caso consiga se desenredar das perigosas circunstâncias que criou e é obrigado a suportar. Antes de discutir as propostas educacionais para a transição do ser humano atual ao homem do futuro, examinarei a crítica reichiana aos agentes formadores de nossa sociedade que geram e perpetuam a estrutura de personalidade rígida, encouraçada.

Segundo Reich, os componentes formativos da cultura – em especial, a educação familiar, mas também a escolar, a moral vigente, o ambiente social – são o verdadeiro motor da construção do caráter neurótico, autoritário e irracional. Assim, analisa as diversas instituições educativas, em busca dos fatores que estabelecem este tipo de desenvolvimento.

Neste capítulo, portanto, apresentarei e discutirei a crítica de Reich à educação autoritária baseada na moral compulsória e na incapacidade do homem de suportar o funcionamento vivo. Essa crítica nasce do seu questionamento ao modo de ser do homem comum em nossa

1. M. Foucault, *Vigiar e Punir*: nascimento da prisão, p. 118.

cultura, suscitado por um fato específico, descrito no livro *People in Trouble* (Pessoas com Problemas), publicado originalmente na década de 1950.

A cena é dramática. A cidade de Viena tem suas ruas tomadas por três grupos distintos: militantes de esquerda que protestam contra o sistema judiciário e tentam atear fogo no Palácio da Justiça; policiais que reprimem a sublevação e atiram contra a multidão, causando a morte de dezenas de pessoas; e populares curiosos, entre eles o próprio Reich. À sua frente, a menos de trinta metros, um policial aponta o fuzil em direção aos manifestantes e atira indiscriminadamente...

O que mais impressiona Reich é a qualidade maquinal do gesto do policial. O jovem psicanalista, cuja pesquisa sobre as resistências à análise levaram-no à investigação da maneira de agir de seus pacientes, vê no policial não um homem procedendo de acordo com sua própria vontade e arbítrio, mas um homem-máquina, capaz de seguir uma ordem sem titubeio, ignorando o sentido ético de seu gesto. Naquele dia 15 de julho de 1927, Reich tem diante de si um exército de homens-mecânicos, privados do que de mais importante há na sua qualidade de seres humanos. Estes autômatos fazem-no lembrar de algumas de suas experiências como combatente na Grande Guerra, dez anos antes.

O incômodo desta situação lhe é tão profundo, que o faz indagar como é possível que homens ajam de tal forma, atirem inadvertidamente, feito marionetes, em seus semelhantes. A explicação dos políticos de esquerda para uma guerra de classes travada nas ruas não lhe satisfaz. Não vê ali duas classes antagônicas, mas apenas trabalhadores fardados e não-fardados. A hipótese freudiana da destrutividade natural do ser humano tampouco o convence, já que os populares, embora em superioridade numérica, não lincham os policiais. Na realidade, demonstram-se intimidados pela autoridade. Alguns grupos ainda chegam a desarmar os atiradores, limitando-se, contudo, a despi-los e dispensá-los. Nada equiparável a uma reação de destrutividade inata.

Reich, diante do policial-máquina, sente a necessidade de averiguar de que forma a educação transfigura o homem, metamorfoseando o indivíduo bom, decente, vivo, em alguém destruidor, traiçoeiro, afetivamente insensível. Ao narrar esses fatos, pondera:

> Um ser vivo não atira cegamente sem saber em que está atirando e por que razão. Seria necessário que a vida tivesse se extinguido dentro daqueles que assim o faziam. O fato de que essas máquinas se moviam espontaneamente não altera nada. Se estes homens mecânicos não existissem, não existiria a guerra. Mas como eles funcionavam? O que controlava suas ações? Quem os criava e para quê? Como seres vivos podiam degenerar desta forma?[2]

---

2. W. Reich, *People in Trouble*, p. 27.

São indagações que alterarão o enfoque de seu pensamento educacional, até então circunscrito à profilaxia da neurose, sem, entretanto, abandonar sua referência na manutenção do funcionamento saudável e adotando uma perspectiva mais abrangente que inclui os temas da liberdade e do controle social e psíquico do homem. Avança, assim, para os territórios da política e da ética.

CRÍTICA À EDUCAÇÃO PELA MORAL COMPULSÓRIA

Em seu trabalho terapêutico como psicanalista, Reich já entrara em contato com o *homem-inimigo-de-si-mesmo*, em seu aspecto individual – o paciente resiste ao próprio tratamento que se propusera a fazer e transfere sentimentos negativos, como o ódio e o desprezo, ao analista e a si próprio, como forma de salvaguardar o seu funcionamento neurótico, bem ou mal, a sua única tábua de salvação contra a angústia. Agora, observa esse mesmo mecanismo no mundo social, em que trabalhadores fardados lançam-se com ódio contra civis que tentam desestabilizar a ordem vigente, e pergunta-se sobre as possíveis relações entre esses processos individuais e sociais.

Aprofunda-se, então, nos seus estudos de sociologia, especialmente das idéias de Marx, além de dedicar-se à militância político-revolucionária junto aos partidos Socialista e Comunista, participando mais efetivamente na esfera social do que a sua atividade clínica permite. Sua atuação política torna-se uma pesquisa prática, que o aproxima do funcionamento do homem das ruas, do militante, do pai ou da mãe de família, e do adolescente que luta por uma vida melhor, sem recursos e sem informações suficientes quanto às causas de sua miséria. Com essa experiência, Reich adentra o campo da psicologia social[3].

Seu amplo envolvimento com a militância política e sua experiência com os grupos de orientação[4] confirmam sua ótica básica em relação ao homem, desenvolvida dentro do âmbito terapêutico. Do ponto de vista individual, Reich explica a formação das pulsões destrutivas secundárias a partir da própria repressão às pulsões sexuais amorosas primárias[5].

Mas isso não lhe parece suficiente. Se as pulsões anti-sociais – e com elas a repressão aos instintos – não constituem uma necessidade biológica, como surgiram e qual a sua função histórico-social?

---

3. Reich (idem, p. 11), em vez de psicologia social, utiliza o termo *psiquiatria social*, conforme sua formação de médico psiquiatra.
4. Reich participa de atividades de panfletagem em porta de fábricas e manifestações, mas sua atuação principal consiste na formação de grupos de orientação sexual e educacional, dirigida a adolescentes e pais.
5. Ver discussão sobre o masoquismo na p. 10.

Como e por que havia surgido e se estabelecido uma educação fundamentada na repressão aos instintos sexuais amorosos, na moral compulsória?

Esta educação não surge de uma necessidade interior do indivíduo, mas de determinação exterior imposta a ele pela sociedade, por meio daqueles que o educam.

Os marxistas atribuem o autoritarismo à ideologia burguesa. A classe dominante precisa manter as classes dominadas sob controle[6]. Mas essa explicação também não basta. Por que as classes dominadas não se libertam da ideologia, ainda que esta seja criticada e desnudada pelos próprios movimentos de esquerda?

Há, no comportamento das massas, um aspecto irracional que sustenta a ideologia dominante, mesmo quando é desvelada. Reich reconhece o mesmo mecanismo que já enfrentara em seus pacientes. A análise do caráter mostra que o conhecimento racional intelectual, afastado de uma vivência afetiva, é insuficiente para mudar um comportamento incrustado na couraça. Para isto, é necessário trazer à tona os processos inconscientes envolvidos no conflito neurótico e experimentá-los de forma emocional[7]. Estaria a ideologia autoritária ancorada na própria estrutura do caráter? Tratar-se-ia de uma manifestação individual que se reflete no comportamento da massa?

O marxismo e, de resto, o método sociológico, não possui as ferramentas necessárias para a elucidação e o desarme desse encadeamento inconsciente.

> O modo como um sistema social se reproduz estruturalmente nos homens só pode ser captado concretamente, teoricamente e praticamente, se se puser a claro o modo como as instituições, as ideologias, as formas de vida social etc., modelam o aparelho pulsional. A estrutura do pensamento dos indivíduos da massa, que depende da estrutura pulsional, determina por sua vez a reprodução da ideologia social, a sua fixação psíquica, em suma, o efeito retroativo da ideologia sobre a estrutura socioeconômica da sociedade, a força da "tradição" etc.[8].

Reich encontra respostas para a questão do surgimento da educação repressora ao examinar os trabalhos de Malinóvski. Desenvolve sua tese no livro *The Invasion of Compulsory Sex-morality* (A Irrupção da Moral Repressiva), de 1932, em que assinala a passagem do matriarcado para o patriarcado como o momento dessa transformação.

---

6. Para Reich as próprias propostas dos educadores marxistas possuem um caráter moralista autoritário, que pressupõe a necessidade de o homem ser educado moralmente (quer dizer, reprimido) para tornar-se um bom socialista (W. Reich, *The Sexual Revolution*: toward a self-regulating character structure, p. 191-199).

7. W. Reich, *Character Analysis*, p. 42-43.

8. Idem, *Materialismo Dialético e Psicanálise*, p. 50.

Os habitantes das ilhas Trobriand, estudados por Malinóvski, exibem uma organização bastante peculiar, que revela o modo como se desencadeia a contenção à sexualidade e às manifestações de vida na infância.

Sua estrutura familiar é matrilinear. O pai é visto como não participante na concepção dos filhos, sem responsabilidade, nem autoridade sobre eles. É apenas um amigo com quem convivem carinhosamente. Por outro lado, a estrutura da tribo comporta a autoridade masculina na figura de um chefe que pode ter várias esposas.

Malinóvski relata que as crianças trobriandesas gozam da mais plena liberdade, no que se refere tanto à sua sexualidade como aos aspectos mais gerais:

> não existe nenhuma noção de disciplina regular nem qualquer sistema de coerção doméstica [...] Um dos efeitos dessa liberdade consiste na formação de uma pequena comunidade infantil, grupo espontâneo, e independente a que as crianças se incorporam desde os quatro ou cinco anos, e em que continuam até a puberdade[9].

Reich destaca a grande diferença notada por Malinóvski entre os trobriandeses estudados, cuja organização matriarcal se baseia na educação com liberdade, e os moradores de uma ilha próxima, onde a educação é mais rígida, fundamentada na autoridade paterna, e a estrutura é patriarcal. Enquanto os primeiros não apresentam nenhum sinal de neurose e possuem um caráter amigável, franco, solidário; os segundos manifestam as características de sadismo, inveja, competição e os comportamentos anti-sociais, tão comuns em nossa sociedade[10].

O arranjo matriarcal da sociedade trobriandesa, no entanto, possui aspectos contraditórios. Os casamentos são regulados por um sistema de dotes, oferecidos pelo irmão da esposa para o marido. Ora, o chefe tribal, com seu direito à poligamia, torna-se homem rico dentro da aldeia, o que inaugura a diferença de classes, mas, ao mesmo tempo, cria um problema: os bens do chefe não são herdados por seus filhos, mas pelos filhos de sua irmã. Cria-se, então, uma série de regras para os casamentos das filhas do chefe, de forma a restituir o patrimônio ao seu núcleo familiar. Para que isso aconteça, elas precisam casar com membros de clãs específicos.

Assim, algumas crianças que gozariam, como todas as outras, da mais ampla liberdade em relação à sua vida sexual (no que se refere à possibilidade de participação efetiva em jogos sexuais e à escolha de parceiros) passam a ser resguardadas. Esse resguardo servirá para impor-lhes um casamento de conveniência, sem amor, sem escolha, mas, para tanto, será preciso torná-las dóceis e submissas. Pessoas que desfrutam da liberdade de experimentar sua sexualidade durante

---

9. B. Malinowski, *A Vida Sexual dos Selvagens*, p. 80.
10. W. Reich, *The Invasion of Compusory Sex- morality*, p. 28-37.

a infância e a juventude serão capazes de lutar por sua felicidade e seu autogoverno, tornando-se mais difícil impor-lhes uma união de interesse que implique uma vida infeliz. Para que a autoridade paterna se faça respeitar, e que essas pessoas aceitem esse tipo de determinação externa em sua vida sexual amorosa, é fundamental que não tenham experimentado outra alternativa, estejam habituadas a negar-se a satisfação instintual, e tenham perdido a capacidade e a força para se auto-regular. Isto é, faz-se necessário ancorar na própria estrutura pulsional do indivíduo a moralidade compulsória que "torna as crianças submissas a seus pais e, quando adultas, subservientes ao estado, criando o medo da autoridade no indivíduo pertencente à massa"[11].

Este tipo de casamento imposto por razões econômicas que, segundo Reich, foi observado *in statu nascendi* por Malinóvski, tornou-se característica de nossa civilização. O dote é o principal critério para os casamentos na Europa moderna até, pelo menos, o século XIX, em todas as classes sociais. São casamentos celebrados sem amor, muitas vezes contratados apenas algumas horas antes de se consumar, famílias constituídas pelo interesse monetário e baseadas na autoridade paterna, que, por sua vez, é firmemente reforçada pela autoridade pública. Até o século XVIII, o pai podia mandar prender seu filho por desobediência, encerrando-o em uma cadeia comum, juntamente com os criminosos. O rapto e o sexo sem casamento, ou sem o consentimento do pai da noiva, podiam ser punidos com enforcamento[12].

Quando a instituição do dote começa a perder a força, também a instituição do casamento indissolúvel entra em falência, com o surgimento da separação legal e da possibilidade de contrair novo matrimônio.

Entretanto, ao contrário da imagem vulgarizada que se formou a respeito de Reich, sua crítica ao casamento indissolúvel e à repressão da sexualidade na infância e na adolescência não implica a defesa da sexualidade efêmera, sem afeto. Na teoria reichiana do orgasmo, a entrega e o amor são pressupostos da descarga efetiva e satisfatória. Reich proclama a relação duradoura, liberta dos princípios econômicos e de poder, e fundada no amor e no desejo[13]. Para tanto, as pessoas devem ser capazes de escolher, de lutar por suas opções, ou seja, ser livres, auto-reguladas, autônomas.

E isto é exatamente o que uma educação repressora das pulsões sexuais na infância e na juventude destrói.

Com o desenvolvimento da família patriarcal, aumenta a repressão sexual sobre a criança. Proíbe-se o jogo sexual, pune-se a masturbação. A descrição de Roheim acerca

11. Idem, p. 165
12. E. Badinter, *Um Amor Conquistado*: o mito do amor materno, p. 46-52.
13. W. Reich, *The Sexual Revolution*: toward a self-regulating character structure, p. 122-132.

das crianças Pitchentara mostra claramente de que maneira trágica é modificado o caráter da criança quando a sexualidade natural é reprimida. Torna-se tímida, cheia de apreensões, temendo a autoridade, e desenvolve impulsos sexuais não naturais, como as tendências sádicas. O comportamento livre, ousado, é substituído pela obediência e pela dependência[14].

Reich lembra que a repressão à sexualidade infantil, em termos psicanalíticos, não consiste apenas em coibir os jogos sexuais genitais, mas em bloquear praticamente toda a vida instintual da criança. As manifestações de vida da criança são sacrificadas em prol de uma educação cujo objetivo é criar indivíduos dóceis e obedientes.

A organização patriarcal, com seu sistema de propriedade, necessita de um mecanismo instintual repressor para se sustentar. Do ponto de vista da moral vigente, o casamento e, principalmente, a família constituem o núcleo básico da sociedade. A família estruturada nos moldes modernos[15] e o sentimento de pudor em relação à criança surgem com a ascensão da burguesia, no final da Renascença, como conseqüência desse arranjo social específico[16], e não estarão, portanto, necessariamente presentes, desta forma particular, em outros tipos de cultura.

Assim, os mitos do amor eterno, dos perigos da sexualidade durante a adolescência, da infância ingênua e da criança assexuada fazem parte da ideologia que apóia o controle das pulsões sexuais, ajudando a minar a faculdade individual de escolha e de luta pela própria felicidade.

Reich propõe que o problema da satisfação instintual sexual seja equacionado da mesma maneira que a questão da fome. Entende que ampliou assim a visão de Engels, em *A Origem da Família, da Propriedade Privada e do Estado*, ao colocar a satisfação sexual no mesmo nível de objetividade da necessidade de comida. Não apenas o modo de produção e a estrutura da sociedade determinam as ligações familiares e a educação, mas a educação e a maneira com que o instinto sexual é manejado moldam as diferenças de classe e as relações de poder. A economia sexual surge como o estudo dos vínculos entre a administração dos instintos sexuais individuais e o coletivo.

A organização da vida social determina a quantidade e a qualidade da equalização da tensão e da descarga do aparato psíquico. [...] se o aparato psíquico foi distorcido por influências educacionais a tal ponto que não pode fazer uso de sua potencialidade [...] Os resultados são neuroses, perversões, mudanças de caráter patológicas, manifestações anti-sociais da vida genital e, não menos, distúrbios no trabalho[17].

---

14. Idem, Os Jardins de Infância na Rússia Soviética, p. 40.
15. Atualmente assistimos ao desmantelamento deste tipo de organização familiar (com seu núcleo: pai, mãe e filhos), em uma crise que está diretamente vinculada às mudanças na educação, na moral sexual e na organização econômica da sociedade.
16. P. Áries, *História Social da Criança e da Família*, p. 125-155.
17. W. Reich, *The Invasion of Compulsory Sex-morality*, p. 154.

As perturbações provocadas pelo impedimento do desenvolvimento sadio da economia energética sexual exigem uma atitude cada vez mais severa da sociedade em face da eclosão irrefreável da sexualidade pervertida, que sempre ocorre quando as pulsões primárias são recalcadas[18].

Institui-se uma educação controladora que proíbe à criança e ao adolescente a vivência de suas pulsões sexuais. Cada vez menos é permitido à criança ficar sozinha ou em companhia apenas de outras crianças. Torna-se necessário vigiá-las durante o dia inteiro para evitar que se dediquem a jogos sexuais. Quando isso se torna inviável, apela-se para o sentimento de culpa e a visão onisciente de Deus[19]. Na Europa, este controle é exigido pelos moralistas do início da era moderna com o objetivo de evitar a promiscuidade, instalando-se na educação escolar a partir do século XVII[20].

Esta forma de impor a disciplina, portanto, é muito recente. O senso comum, contudo, concebe-a como uma atitude natural presente desde sempre, sem a qual seria impensável uma vida social calcada em valores morais.

Constrói-se a ideologia da criança assexuada. A repressão à sexualidade aparece de forma racionalizada, como reflexão moral e teoria científica. As crianças, os adolescentes e os próprios pais são aterrorizados por histórias sobre doenças mentais e orgânicas provocadas pela masturbação e pelos jogos sexuais, ditos precoces.

Reich critica os programas de orientação sexual que não reconhecem a legitimidade da sexualidade na infância e na adolescência, acusando-os de funcionarem como uma tentativa de postergar a experiência sexual, ora recorrendo ao argumento da necessidade de amadurecimento, ora centrando-se nos perigos de uma vida sexual ativa, dando importância capital às doenças sexualmente transmissíveis[21].

Embora essas razões sejam válidas em si mesmas, segundo Reich não justificam a omissão da importância da satisfação libidinal no desenvolvimento saudável, além de obstruir o surgimento de uma nova conduta da sociedade em geral, e dos educadores em particular, diante da sexualidade. Ele reclama uma atitude mais positiva e afirmativa, que defenda a possibilidade e o direito da criança e do adolescente à sexualidade.

Dentro da instituição escolar o sexo é tema tabu. Reich relata que na visita a uma escola, na União Soviética de 1929, enquanto observava pela janela um rapazinho que exibia seu pênis para uma colega,

18. Ver discussão sobre o surgimento das pulsões secundárias na p. 10.
19. A idéia de um ser onisciente é especialmente eficaz para reforçar a culpa e a angústia masturbatória (W. Reich, *Psicologia de Massa do Fascismo*, p. 144).
20. P. Áries, op. cit., p. 141-142.
21. W. Reich, *The Sexual Revolution*: toward a self-regulating character structure, p. 40-73.

a diretora lhe assegurava "que no seu jardim infantil 'coisas' como a masturbação e a sexualidade infantis não tinham lugar"[22].

Há uma cegueira generalizada diante da sexualidade infantil. A sociedade vem esforçando-se consideravelmente para apagar esta "mácula". Tal empenho, contudo, é inútil, já que se trata de uma função natural do ser humano, que, mesmo com a prevalência do mito da criança assexuada ao longo dos séculos[23], segue manifestando-se, apesar da insistência em ignorá-la e, paradoxalmente, combatê-la.

Toda esta ideologia educacional moralizante e disciplinadora tem uma função claramente política.

A inibição moral da sexualidade natural na infância, cuja última etapa é o grave dano da sexualidade *genital* da criança, torna a criança medrosa, tímida, submissa, obediente, "boa" e "dócil", no sentido autoritário das palavras. Ela tem um efeito de paralisação sobre as forças de rebelião do homem, porque qualquer impulso vital é associado ao medo; e como sexo é um assunto proibido, há uma paralisação geral do pensamento e do espírito crítico. Em resumo, o objetivo da moralidade é a criação do indivíduo submisso que se adapta à ordem autoritária, apesar do sofrimento e da humilhação. Assim, a família é o Estado autoritário em miniatura, ao qual a criança deve aprender a se adaptar, como uma preparação para o ajustamento geral[24].

A educação pela moral sexual compulsória, instituída originalmente com o objetivo de controlar o poder econômico no sistema de casamento por dote, acaba por converter-se em educação repressora-autoritária, que coíbe as pulsões biológicas do educando, destrói seu funcionamento natural e torna-o submisso. O resultado é a perda da capacidade de descarga da energia sexual, substituída por mecanismos artificiais, traços de caráter, sintomas neuróticos e atitudes destrutivas anti-sociais. Assim, a moralidade compulsória ancora-se na estrutura de caráter do indivíduo comum, gerando uma "moralidade interna de todos os membros da sociedade", e transforma-se em patologia social.

A sociedade adoece. Ainda assim, nem todos os seus integrantes serão vítimas de transtornos mentais. A maioria viverá com esta estrutura pulsional limitada, isto é, o caráter neurótico sem manifestações sintomáticas.

Classificam-se os indivíduos de acordo com a sua reação ao processo de aniquilação do funcionamento vital natural. De um lado, estão os dóceis, submissos, que perderam a autonomia, e possuem uma

---

22. Idem, Os Jardins de Infância na Rússia Soviética, p. 39.
23. A teoria freudiana, com o reconhecimento das manifestações sexuais da infância, embora tenha assegurado um lugar para o tema dentro do mundo científico, não parece ter alterado necessariamente o senso comum, que ainda as identifica como "contaminações" resultantes de estímulos precoces.
24. W. Reich, *Psicologia de Massa do Fascismo*, p. 28.

estrutura de caráter rígida, regida por uma moral compulsória negadora da vida; por isso mesmo, esperam que as autoridades lhes digam o que devem e o que não devem fazer. Dentre os que não se adaptam, há os diagnosticados como doentes, encaminhados para tratamento, e até mesmo colocados em isolamento, e outros vistos como anti-sociais, frutos de uma educação inadequada, que devem ser enquadrados por ameaças, encarceramento e, muitas vezes, até eliminados[25].

Neste contexto, toda crítica ou ação que invoque a mudança e a transformação pode ser considerada como desvio e devidamente suprimida.

A educação repressiva é justificada, na ideologia autoritária, pela necessidade de controlar as pulsões anti-sociais (que são apresentadas como natureza humana) e pela suposta incompatibilidade entre as funções vitais e a cultura.

> Do ponto de vista da moral compulsória na reação política, há uma contradição absoluta entre as pulsões biológicas e os interesses sociais. Como resultado, é dito: se "a moral for suspensa", os "instintos animais" tomarão conta e "causarão o caos". Está claro que a evocação do caos social, que tem um papel tremendamente importante na política, não é nada mais do que o medo das pulsões humanas. Então, a moralidade compulsória é necessária? Sim, enquanto as pulsões anti-sociais continuarem a ameaçar a comunidade social. Como, então, é possível eliminar a regulação através da moral compulsória?[26]

Respondendo a esta questão, Reich afirma que a moral compulsória não surgiu para controlar as pulsões anti-sociais, ao contrário, foram estas que eclodiram da opressão por ela causada; assim, a moral serve para controlar pulsões que ela mesma criou e mantém.

Esta justificativa da moral compulsória adquire a chancela, primeiro, da filosofia e, depois, da ciência. Forma-se a noção de que cultura e natureza se opõem, que a civilização se constrói sobre a supressão dos instintos.

Funda-se a filosofia na noção de *racionalidade contra o instinto*[27]. Somente aquele que não mais age conforme sua natureza logra adquirir o conhecimento; quem é dominado pelos sentidos permanece apenas como força animal. Essa contraposição é o mote do pensamento iluminista na modernidade. O mito de "Ulisses e as Sereias"[28] é a metáfora da dominação da natureza pelo esclarecimento. Ulisses sacrifica sua liberdade corporal para alcançar o conhecimento; faz-se necessária

---

25. É o caso da pena de morte e das execuções militares em massa que são, ainda hoje, muito freqüentes.
26. W. Reich, *The Sexual Revolution*: toward a self-regulating character structure, p. 22.
27. F. Nietzsche, *Obras Incompletas*, p. 34-46.
28. Ulisses faz com que seus companheiros tapem os ouvidos com cera e remem, enquanto ele, amarrado ao mastro, ouve o canto das sereias, sem poder atirar-se ao mar.

uma divisão entre aqueles que remam, porém não ouvem, e aquele que conhece, mas, literalmente, aprisiona seu próprio corpo[29].

No campo da ciência, Freud e a psicanálise adotam como premissa o princípio da necessidade cultural da frustração pulsional. Para Reich, uma posição crítica transformadora deveria ter sido gerada pela descoberta freudiana de que a falta de satisfação sexual na infância é a causa da neurose[30]. A concepção de que tal estado de coisas é essencial para o desenvolvimento das instituições, contudo, representou um recuo. O próprio Freud, em discussão pessoal com Reich, teria colocado a cultura em primeiro lugar[31]. Reich discorda, pois considera a formação de conhecimento uma função natural do homem. A incompatibilidade cultura-sexualidade é uma imposição de determinada civilização patriarcal e refreadora dos instintos, mas não necessariamente a única possibilidade de formação cultural. Reich critica severamente essa naturalização que integra a ideologia psicanalítica. A dicotomia instinto-cultura é apenas característica de nossa civilização.

> Estuda-se a história da repressão sexual e a etiologia do recalcamento sexual e conclui-se que ela não surge com o começo do desenvolvimento cultural; ou seja, a repressão e o recalcamento não são os pressupostos do desenvolvimento cultural. Só bem mais tarde, com o estabelecimento de um patriarcado autoritário e com o início das divisões de classe, é que surgiu a repressão da sexualidade[32].

Assim, a contraposição entre instinto e civilização é uma produção cultural específica e não o destino da humanidade. A educação, enquanto mediadora do processo simbólico, tem papel fundamental na manutenção dessa ideologia, portanto, é palco privilegiado para a sua mudança.

> *Por que motivos sociológicos a sexualidade é reprimida pela sociedade e recalcada no indivíduo?* A Igreja responde que é pela salvação da alma, no Além; A filosofia moral mística diz que é um resultado direto da natureza moral e ética do homem; a filosofia da civilização de Freud afirma que é do interesse da "cultura". É razão para ficarmos céticos e perguntarmos como é que a masturbação nas crianças e as relações sexuais entre os adolescentes poderiam perturbar a construção de postos de gasolina ou de aviões. Ao pressentirmos que não é a atividade cultural em si que demanda a repressão e o recalcamento da sexualidade, mas apenas as *formas* atuais dessa atividade, sentimo-nos dispostos a sacrificar essas formas, se isso puder acabar com a desgraça de inúmeras crianças e adolescentes[33].

---

29. T. W. Adorno; M. Horkheimer, *Dialética do Esclarecimento*: fragmentos filosóficos, p. 63-65.
30. W. Reich, *Psicologia de Massa do Fascismo*, p. 25.
31. M. Higgins; C. Raphael, *Reich Fala de Freud,* p. 54.
32. W. Reich, *Psicologia de Massa do Fascismo*, p. 27.
33. Idem, ibidem. Grifado no original.

Em *Psicologia de Massas do Fascismo*, escrito em 1933, Reich examina de que forma as forças políticas autoritárias, em especial o nazismo, utilizam as pulsões instintuais reprimidas de modo a atrair a juventude, e a população em geral, para as suas fileiras. Desta análise, pode-se compreender alguns princípios norteadores de uma educação dominadora, cujo objetivo é criar indivíduos submissos e até dependentes da opressão. O nazismo não só admite a necessidade de formar este cidadão dócil, como a aponta como objetivo em seus escritos. Reich cita um decreto do governo nazista:

> Mas, a juventude só estará devidamente preparada para prestar o serviço que deve ao povo e ao Estado quando tiver aprendido a trabalhar com objetividade, a pensar com clareza, a cumprir os seus deveres, e *quando se tiver habituado a cumprir com disciplina e obediência os princípios da comunidade educativa, submetendo-se voluntariamente à sua autoridade*[34].

Reich destaca elementos afetivos utilizados pelo fascismo para manipular a opinião pública, que, devido à educação corrente, estão presentes na estrutura emocional do povo. Alguns nem sequer são eleitos intencionalmente, são símbolos e imagens criadas pelos estrategistas do regime, que vão atingir diretamente o inconsciente do homem comum. Ao formular suas propostas, os fascistas são auxiliados pela coincidência de idéias e identificações retidas tanto no inconsciente da maior parte da população quanto no de seus próprios teóricos[35].

A disputa entre filhos e pais pelo afeto, no Complexo de Édipo, segundo Reich, é o modelo para a concorrência econômica e de posições na sociedade. Há, também, o uso da imagem materna ligada à pátria, a mãe como aquela que deve ser honrada, por quem não se pode ter pensamentos impuros; e, ainda, a identificação narcisista com o chefe (pai) como o fundamento do narcisismo nacional. O indivíduo se reconhece na grandeza do país enquanto despreza o povo, do qual se sente à parte.

Ao analisar um trecho de *Mein Kampf*, em que Hitler afirma que a mentalidade do povo é feminina, Reich explica que esta feminilidade é fundada na passividade diante do pai, desenvolvida durante o conflito edipiano. A submissão na família prepara o caminho que tornará o povo dócil[36].

Discorrendo sobre a teoria racista do fascismo, demonstra que, durante anos, na Alemanha, em publicações de caráter popular, os judeus foram caracterizados pela sexualidade pervertida. Assim, o

---

34. Embora retiradas de um documento nazista, são afirmações que poderiam encontrar-se em boa parte do ideário educacional da modernidade. Idem, p. 110. Grifado no original.
35. Idem, p. 56.
36. Idem, p. 54-61.

anti-semitismo adquire um sentido especial, ancora-se na necessidade de repressão da própria perversão, ao mesmo tempo em que canaliza pulsões destrutivas homicidas[37].

Reich reconhece, portanto, na tática fascista, uma modelagem do homem obtida pela educação familiar e, depois, reforçada pela educação formal e pela formação social, na propaganda política, nos meios de comunicação e na cultura como um todo. Esta estruturação baseia-se na *"fixação das inibições e medos sexuais na substância viva dos impulsos sexuais"*[38].

O fascismo aprendeu a canalizar a energia sexual represada por meio de uma série de atividades (marchas, exercícios físicos, gestos exacerbados, comportamento de gangue institucionalizado) e símbolos (bandeiras, uniformes, insígnias), cujo significado inconsciente se refere sempre a pulsões secundárias perversas. Ou seja, o fascismo, para atrair os jovens, utiliza a própria energia que produz, ao coibir a sexualidade infantil. Entrementes, os partidos de esquerda menosprezavam a proposição reichiana de liberação das forças pulsionais nos jovens militantes. Para Reich, não foi surpresa o esvaziamento das organizações socialistas e a vitória do nazismo, no começo da década de 1930.

Reich também afirma que o comunismo soviético utiliza as mesmas táticas do nazismo, transformando-se em um fascismo vermelho; repudia a sua política educacional opressora, que procura doutrinar a criança para o socialismo, enquanto restringe suas manifestações naturais[39]. Vê, assim, uma correspondência entre a atitude dos educadores da União Soviética e a dos capitalistas, razão pela qual prevê, no início da década de 1930, que o regime soviético caminha para um sistema tão ou mais repressor do que os fascismos ocidentais.

A utilização política, pela educação fascista, das forças pulsionais pervertidas é, para Reich, apenas o exemplo extremo e explícito de como atua a educação autoritária vigente em nossa cultura.

De fato, trata-se de uma prática de caráter claramente domesticador, ainda que associada ao discurso que prega a liberdade e a autonomia do educando. É também desavisada e perigosa, uma vez que *"um anseio intenso de liberdade por parte das massas mais o medo à responsabilidade que a liberdade acarreta produzem a mentalidade fascista"*[40].

---

37. Idem, p. 83-91.
38. Idem, p. 28. Grifado no original.
39. W. Reich, Os Jardins de Infância na Rússia Soviética, p. 39-44.
40. Idem, *A Função do Orgasmo*, p. 204. Grifado no original.

CRÍTICA À EDUCAÇÃO COM MEDO DA VIDA

A evolução do pensamento reichiano, durante a década de 30, reforça ainda mais sua crítica à educação autoritária. Suas pesquisas, que enfocam a atividade biofísica do ser humano[41], e seu estudo dos processos primordiais da vida[42], ampliam-lhe o significado da educação redutora do funcionamento vital no homem, por acrescentar, aos aspectos psíquicos, os somáticos e os bioenergéticos.

Também o ponto de vista político se altera, quando Reich percebe que dominantes e dominados, os políticos e a massa, os conservadores e os revolucionários, todos se encontram presos aos mecanismos estruturais limitados pela formação moralizante, universal em nossa cultura. A restrição da couraça impede que até mesmo aqueles que abraçam a crítica reichiana consigam se comprometer e trabalhar pela causa da sexualidade. Suas estruturas constituem-se bloqueios a uma atividade francamente envolvida com as funções vitais[43].

Reich já havia alertado para essa dificuldade em seus artigos "Os Jardins de Infância na Rússia Soviética" e "Os Pais como Educadores: a compulsão a educar e suas causas". Nesses escritos, descreve de que maneira motivações irracionais inconscientes, contrárias à avaliação racional da situação concreta, induzem o adulto a disciplinar a criança. Ele conclui que a mudança na educação depende essencialmente da reestruturação do educador.

Em 1943, Reich escreve um artigo sobre a peste emocional[44], conceito este que desenvolveu para explicar as reações irracionais ao seu trabalho e às manifestações da vida em geral. Nele define o caráter neurótico como um sistema em equilíbrio, desenvolvido a duras penas por meio das frustrações infantis. Sua economia sexual não pode resultar benéfica, já que apenas a função orgástica é garantia de saúde e descarga energética adequada. Assim, sua segurança é precária; estímulos externos e internos podem desestabilizá-la. O indivíduo encouraçado necessita sempre reafirmar-se. O recalque é uma contraposição de forças: há uma pulsão que pressiona para manifestar-se e uma força contrária que a reprime. Nesse sistema, todo estímulo que fortalece a pulsão contida é angustiante, enquanto todo fomento à força repressora é assegurador. O aumento de potência das pulsões recalcadas obrigará o indivíduo a fazer um esforço maior para manter o refreamento. Ora, nessa situação, toda manifestação de vida de fluxo energético (orgonótico) representa um perigo, já que provoca

---

41. Idem, *The Bioelectrical Investigation of Sexuality and Anxiety*.
42. Idem, *The Bion Experiments*: on the origin of life.
43. Idem, *People in Trouble*, p. 228-234.
44. Incluído na terceira edição de *Character Analysis* (Análise do Caráter), de 1949.

excitação, elevando a pressão interna. O indivíduo encoleriza-se contra aquele que perturba sua frágil estabilidade.

Reich observou esse mecanismo, muitas vezes, em seu trabalho terapêutico, manifestando-se como transferência negativa[45], nas formas mais variadas.

A partir do momento em que começa a defender a teoria do orgasmo dentro da Associação Psicanalítica, depara-se com as intensas reações de ódio irracional dirigidas a ele e aos demais adeptos da economia sexual. Reich observa a ação do mesmo mecanismo, não mais apenas no ambiente terapêutico, mas também nas relações sociais e profissionais.

Sua atenção volta-se, então, para o comportamento de pessoas estruturalmente rígidas, quando confrontadas com as manifestações de vida nas crianças e nos adolescentes. Ele percebe que não suportam essas expressões e reagem de forma agressiva.

Dependendo da estrutura individual, os ataques apresentam-se na forma direta (ira) ou dissimulada (racionalizações, traições, calúnia e difamação). Têm, contudo, características comuns: são dirigidos contra aqueles que perturbam o equilíbrio neurótico, possuem motivação irracional e contêm alta carga afetiva.

No ambiente terapêutico, a reação negativa é tratada como problema técnico; já no ambiente social, Reich descreve-a como uma peste emocional, uma chaga psíquica que assola a humanidade. Para ele, nenhum de nós está imune, já que fomos estruturados nesta cultura negadora das funções vitais e, em algum nível, limitados em nossa capacidade de suportar o funcionamento vivo. Neste sentido, passa a ser problema de saúde pública e, também, um entrave para a mudança efetiva na situação de miséria emocional e material em que vive boa parte da sociedade. Torna-se ingrediente importante na própria política.

A campanha a favor da pena de morte, sempre retomada por grupos conservadores, é um bom exemplo de inserção da peste emocional na política. A ameaça da pena capital atua no equilíbrio neurótico de forma a reforçar o recalque. Por um lado, satisfaz as pulsões de raiva reprimidas, diminuindo sua pressão ao exprimi-las em uma ação socialmente justificável (mata-se para o bem da sociedade). Por outro, adiciona às forças repressoras do ego o medo da punição, no caso da prática de um delito grave. Assim, a proposta de se instituir a pena de morte, embora não possua nenhuma fundamentação estatística que demonstre sua eficácia no combate ao crime, sempre possui apelo popular

---

45. Dentro do processo psicanalítico, o paciente transfere sentimentos positivos (amor) e negativos (ódio), originalmente dirigidos aos pais, para o analista. A análise dessa transferência é um dos procedimentos básicos no encaminhamento terapêutico.

muito forte e é usada como propaganda política. O mesmo acontece com as mais variadas ameaças de punição e regras disciplinadoras.

A investigação orgonômica do funcionamento da vida ajudou a desvendar o mecanismo da peste emocional.

A indeterminação e o movimento, isto é, o fluxo de energia e de plasma, são inerentes à vida. Essa atividade é coordenada pelo próprio ser vivo, embora parte dela lhe escape na forma de movimentos espontâneos. Para Reich, a função-chave no processo da vida, desde a divisão celular até a sexualidade humana, é o orgasmo, caracterizado por sua fórmula em quatro tempos – TENSÃO>CARGA>DESCARGA>RELAXAMENTO – e pela entrega às convulsões involuntárias, fundamentais para a descarga energética[46]. O indivíduo rígido não suporta essas convulsões e a simples proximidade da sensação de movimento espontâneo, ou a idéia de entrega, provoca-lhe um alto grau de angústia. Quando confrontado com este funcionamento vivo em outras pessoas, sente-se acuado. "O organismo encouraçado sente a motilidade livre de outro ser como estranha e perturbadora"[47]. Assim, é perfeitamente compreensível que um organismo nesta situação reaja com violência, procurando se defender da angústia.

Compreensível, mas não aceitável, principalmente do ponto de vista da educação. A educação deveria se pautar pelas necessidades da criança e não pela angústia do educador.

O estudo dos processos inconscientes da peste emocional e de suas conseqüências na formação humana é condição básica da educação que privilegia a vida. É necessário diferenciar propostas e ações racionais daquelas fundadas na reação neurótica à vida. Justificativas motivadas pela defesa à angústia inconsciente não passam de racionalizações.

> Sob um disfarce ou outro, a atitude ascética básica é: "Por que outros deveriam receber algo melhor do que eu? Que sofram como eu sofri". Essa conduta sempre é tão bem disfarçada sob uma ideologia, ou teoria de vida consistente, justificada na lógica, que somente alguém experiente e capaz de raciocínio penetrante pode desmascará-la. É desagradável, mas necessário registrar aqui que, ainda recentemente, no começo deste século [xx], a maior parte da educação oficial européia era modelada por estes princípios[48].

A peste emocional é a maior barreira à reestruturação do homem. "Se queremos descobrir o homem, é preciso tomar consciência da

---

46. W. Reich, *The Cancer Biopathy*, p. 5.
47. Note-se a ansiedade que sente a maioria dos adultos diante do choro infantil e as reações que ele suscita. A ameaça violenta, a tentativa de distrair a criança desviando sua atenção para outra coisa, ou então de satisfazê-la com estímulos prazerosos (balas, doces), são atitudes que impedem a necessária descarga emocional proporcionada pelo pranto. Idem, *Ether, God and Devil & Cosmic Superimposition*, p. 61.
48. W. Reich, *Character Analysis*, p. 514-515.

tendência de todo homem encouraçado: *o ódio ao Vivo*"[49]. Expressa-se nos procedimentos médicos antivida, no controle social, seja na forma de simples calúnia ou de grandes condenações públicas, assim como na educação formal, em tudo que signifique a negação dos impulsos vitais básicos da criança.

Reich e seus seguidores destacam a aversão às manifestações infantis de vida como característica fundamental da educação vigente. Descrevem recomendações e procedimentos adotados comumente, como a separação de mães e bebês na maternidade, a fixação rigorosa de horários e quantidades de alimentação, a proibição de barulho, a exigência do comportamento "educado", e a repressão sexual sobre os adolescentes, desvelando seu caráter irracional, porquanto são originadas pelo receio da proximidade do funcionamento vivo.

Em seu livro *The Cancer Biopathy* (A Biopatia do Câncer), publicado em 1948, Reich fala de um grande *não* biofísico, anterior à função verbal e à simbolização, que se instala no indivíduo em decorrência de suas experiências dolorosas no início da vida. Essas experiências podem ser assim resumidas: a criança desenvolve-se em um útero frio e espasmódico; ao nascer, é agredida com uma palmada e abruptamente afastada da mãe; negam-lhe, então, a proximidade do contato corporal e do seio materno. No caso dos homens, sofrem mutilação genital (circuncisão). Diante de tal recepção, é impossível ao organismo deixar de se contrair.

A criança em tenra idade não consegue expressar clara e articuladamente seus desejos. Pais e educadores encouraçados, por sua vez, não a compreendem, o que a faz, após seguidas tentativas de comunicação, resignar-se. "A estrada entre a experiência vital e a morte interior é pavimentada com os desapontamentos no amor"[50].

Os pacientes de Reich, ao recuperar a motilidade vegetativa[51], revivem as sensações da infância. "Tomados de emoção, falam do tempo em que, crianças, se sentiam identificados com a natureza [...] do tempo em que se sentiam 'vivos'"[52].

Reich preocupa-se especialmente com a angústia dos pais e educadores nos momentos em que a criança demonstra uma reação às regras e à organização nos moldes por eles idealizados. Para ele, a disciplina corporal e o autocontrole exigidos das crianças fazem parte dessa tendência geral que, infelizmente, pode ser apontada como "uma das peças centrais da educação atual"[53]. Segundo Matthiesen, Reich desaprova a atitude de pais e professores que, sob o argumento de

---

49. Idem, *O Assassinato de Cristo*, p. 24. Grifado no original.
50. Idem, *Character Analysis*, p. 321.
51. Flexibilidade que permite ao organismo entregar-se a movimentos emocionais espontâneos.
52. Idem, *A Função do Orgasmo*, p. 295.
53. Idem, p. 297.

combater a falta de educação nas crianças, instituem o que "denominou como uma verdadeira 'técnica muscular de encouraçamento' que torna as crianças em 'bonecos bem educados'"[54].

Em nossos jardins de infância, onde as crianças se fazem "aptas para a cultura" e "adaptadas à realidade" através da inibição de sua atividade motora, notamos, durante os quarto, quinto e sexto anos, uma alarmante transformação do comportamento natural e vivo para calmo e submisso: as crianças tornaram-se frias[55].

Nas escolas, a educação repressora das funções vitais manifesta-se nos diversos sistemas disciplinadores inseridos com diferentes objetivos, que têm em comum a característica de limitar a motilidade vegetativa das crianças e de condicioná-las a um comportamento menos ativo. Os horários rígidos, a divisão sistemática de atividades, a obrigação de permanecer sentado durante horas seguidas, o uniforme, as filas para entrar e sair das salas, a escolha dos temas de estudo, a imposição curricular, as punições, a proibição da bagunça e do barulho, as atividades físicas coordenadas e sob regras estritas, assim como a relação de obediência aos professores e funcionários, embora sejam bastante organizadores e talvez até necessários dentro deste modelo educacional, representam limitações repetidas e reforçadas à vivacidade infantil. "... todos esses princípios operando dentro do sistema educacional são lógicos, mas fora dele são inúteis e antieducacionais"[56].

A educação disciplinadora do corpo e das boas maneiras constitui um forte aparato para moldar um homem restrito em sua motilidade vegetativa.

O ambiente disciplinar apóia-se na repressão das emoções naturais primárias, auto-reguladoras. A estrutura emocional deturpada reage pacificamente, apoiando e reproduzindo tal situação. A auto-regulação e a liberdade de movimento e de decisão parecem não encontrar lugar nesse ambiente[57].

Com a mudança da posição política de Reich, alguns aspectos de sua crítica vinculados ao marxismo tendem a se modificar. Por exemplo, o papel da família na formação da estrutura autoritária, que, anteriormente, havia introduzido uma questão urgente para aqueles que se encontravam empenhados no movimento revolucionário. Qual seria a melhor maneira de educar seus próprios filhos?

---

54. S. Q. Matthiesen, *A Educação em Wilhelm Reich*: da psicanálise à pedagogia econômico-sexual, p. 204.
55. W. Reich, *The Sexual Revolution*: toward a self-regulating character structure, p. 258.
56. Idem, *Ether, God and Devil & Cosmic Superimposition*, p. 84.
57. Idem, *Children of the Future*: on prevention of sexual pathology, p. 48.

Em seu primeiro casamento, nas décadas de 1920 e 1930, Reich opta por enviar suas filhas a um internato socialista, a fim de proporcionar-lhes a oportunidade de crescer em uma comunidade de *iguais*. Anos mais tarde, arrepende-se, ao constatar que os educadores dessa instituição têm estruturas autoritárias e anti-sexuais, responsáveis por uma educação tão ou mais repressora que a familiar.

Transpondo essa vivência para a sua teoria, reduz gradativamente a ênfase dada à família patriarcal e concentra-se na atitude antivida dos educadores. Segundo Sharaf, por volta de 1935, Reich não mais fala em excluir os pais da educação das crianças, embora continue considerando essenciais o apoio e o envolvimento da sociedade como contraponto à influência familiar[58].

Já seu terceiro filho, de seu casamento nos EUA, na década de 40, é educado convivendo com o pai e a mãe, em sua propriedade no Maine. Essa experiência foi de extrema importância para Reich, que pôde acompanhar de perto o desenvolvimento infantil em um ambiente afirmativo à vida, e observar o surgimento dos primeiros sinais do encouraçamento.

A peste emocional é a expressão máxima do Zé-ninguém, este homem que vive acuado, com medo da vida e de suas próprias funções vitais. É também a manifestação mais virulenta da educação autoritária e disciplinadora. O homem parece suportar cada vez menos o contato com suas funções vitais. Como educador, necessita lançar mão de medidas antivida. "A pessoa assim afetada [pela peste emocional] é um produto da educação compulsória autoritária. Por causa da frustração de seu talento não realizado, busca a sua desforra aplicando o mesmo método em outros"[59].

O quadro seria desolador se Reich não vislumbrasse no vivo uma grande força e capacidade de superação. "A despeito das couraças, dos pecados, dos ódios e das perversões, os homens são seres vivos, que não podem impedir-se de sentir a Força da Vida, dentro e fora de si mesmos"[60].

A CONSTRUÇÃO DO HOMEM-MÁQUINA

A "rígida atitude militar" é exatamente o oposto da atitude natural, solta, ágil [...] As pessoas educadas dessa forma, e forçadas a manter essa atitude física, são incapazes de impulsos vegetativos naturais. Tornam-se máquinas executando cegamente exercícios manuais mecanizados; respondendo obediente e prontamente: "Sim senhor, Capitão"; atirando mecanicamente nos seus próprios irmãos, nos pais, nas mães, e irmãs[61].

58. M. Sharaf, *Fury on Earth*: a biography of Wilhelm Reich, p. 142.
59. W. Reich, *Character Analysis*, p. 519.
60. Idem, *O Assassinato de Cristo*, p. 184.
61. Idem, *A Função do Orgasmo*, p. 296-297.

Por meio de suas indagações sobre a deterioração dos homens-máquina, Reich elucida a sistemática da formação da personalidade autoritária e submissa. A estrutura do Zé-ninguém é produto de sua relação com o ambiente social em que se desenvolveu. A educação tem papel fundamental na redução das funções vitais.

> Enquanto pais, educadores e médicos tratarem as crianças de maneira falsa, com procedimentos rígidos, opiniões inflexíveis, ar de superioridade e formalidade, em vez de contato orgonótico[62], as crianças continuarão a ser quietas, retraídas, apáticas, "autistas", "estranhas" e, mais tarde, "animaizinhos selvagens", que os adultos cultos e refinados julgarão ser necessário "domar"[63].

O homem torna-se "menos vivo".

Em *Ether, God and Devil & Cosmic Superimposition* (O Éter, Deus e o Diabo; Superposição Cósmica), de 1949, Reich sustenta que a estrutura de caráter do homem determina a forma como ele enxerga a si mesmo e ao mundo. É, portanto, a base sobre a qual constrói seu pensamento. Assim, estruturas místicas produzem cosmovisões místicas, enquanto homens com pouco contato com suas funções vitais tendem a ver-se de modo mecanicista.

O homem-máquina não se limita à figura exterior captada por Reich naquele dia de 1927, em Viena; é o próprio alicerce da visão antropológica mecanicista.

> Tentarei descrever o aparato sensório do observador que criou a filosofia mecanicista. [...] Qual a natureza da estrutura de caráter mecanicista? Que qualidades específicas se encontram sob sua incapacidade de observar a natureza? De onde vem essa estrutura de caráter? E, finalmente, de que processos sociais ela se originou?[64].

O homem que tem medo da incerteza e do movimento espontâneo constrói uma ideologia determinista para si mesmo. Crê-se uma máquina regida por leis específicas da mecânica, isto é, não diferente, enquanto qualidade de funcionamento, das máquinas por ele engendradas; o que varia apenas é seu grau de complexidade. Pensa que todos os seus determinantes se encontram em um código genético e tenta mapear suas funções fisiológicas básicas, como se montasse um manual de fabricação.

La Mettrie tem sua herança distorcida, ao mesmo tempo em que seu nome é atirado à lama[65].

---

62. Capacidade de perceber diretamente o movimento bioenergético, por meio das sensações que este provoca no organismo do observador.
63. W. Reich, *Children of the Future*: on prevention of sexual pathology, p. 124.
64. Idem, *Ether, God and Devil & Cosmic Superimposition*, p. 82.
65. Para Reich, a grande descoberta de La Mettrie foi a existência de uma relação funcional entre corpo e mente. Esta visão foi adotada pela medicina, apenas no sentido de enxergar o organismo como uma máquina complexa. Ao mesmo tempo, La Mettrie, vítima da peste emocional, foi acusado de ter tido uma vida devassa, e morreu em des-

O homem não mais se acredita livre. Toda ilusão de indeterminação, para ele, é apenas fruto do desconhecimento das relações de causa e efeito que podem vir a ser desvendadas pela ciência.

Tendo aprendido com um grande homem que as máquinas funcionam de acordo com certas leis, você constrói máquinas com o objetivo de matar e considera os seres vivos como máquinas. Sob esse aspecto, você caiu em erro não há três décadas, mas há três séculos[66].

A construção de uma cosmovisão mecanicista e determinista para o funcionalismo orgonômico é o desenvolvimento lógico do pensamento do homem encouraçado.

Além de determinar a forma como o homem percebe o mundo e a si mesmo, o encouraçamento define suas relações, sua capacidade ou incapacidade para o trabalho e a organização social que estabelecerá.

Em um organismo rígido, todas as pulsões naturais em direção à vida, ao amor e ao crescimento estão recalcadas e, para poderem realizar-se, alcançando o mundo, precisam atravessar a barreira da couraça. Ao fazê-lo, tornam-se violentas, transfigurando sua característica básica, de suavidade para destrutividade. Amor transforma-se em raiva, inaugurando o reino da perversão e das pulsões anti-sociais[67].

A educação dos homens-máquina (ou do Zé-ninguém) só pode ser compreendida a partir de sua função básica de controle e domesticação. De outra forma, seria difícil entender o verdadeiro massacre a que são submetidas as crianças. Para Reich, é a conseqüência inevitável das estruturas encouraçadas de médicos, pedagogos e pais, cujo "profundo amor pelo recém-nascido não pode ser traduzido em ações práticas. Eles não apreendem a função viva no recém-nascido; pior, temem-na como perigosa e alienígena"[68].

Conclui-se que a crítica reichiana à educação aprofunda-se em várias direções com a evolução de seu pensamento.

A condenação da repressão da sexualidade infantil, com o passar do tempo, estende-se a toda a formação humana fundamentada na peste emocional, promovida por indivíduos que, por terem sido tolhidos em seu próprio desenvolvimento, não suportam as manifestações de vida em seus educandos.

O educador, cujo pensamento é mecanicista ou místico, vê a criança como uma máquina mecânico-química, um subordinado do Estado ou um adepto desta ou daquela religião. Pressiona o infante em direção a um mundo estranho e chama a isto "adaptação", se for um liberal, ou "disciplina", se for um autoritário[69].

graça. Idem, *Character Analysis*, p. 526.
    66. Idem, *Escute, Zé-ninguém!*, p. 48.
    67. Idem, *Ether, God and Devil & Cosmic Superimposition*, p. 64-65.
    68. Idem, p. 69.
    69. Idem, p. 56-57.

De outro ângulo, Reich parte da preocupação com a saúde mental e, sem nunca a perder de vista, caminha para uma abordagem social e política dos mecanismos de estruturação autoritária da personalidade, chegando à questão ético-filosófica de uma educação que, apoiada no argumento moral, acaba por destruir no indivíduo o contato com seu sentimento ético natural.

O maior empecilho ao desenvolvimento da moralidade natural nas crianças está na precocidade do surgimento da couraça, que ocorre logo após o nascimento; deste modo, até recentemente, pouco se sabia sobre as expressões de vida do bebê. *Com os primeiros bloqueios da couraça, o poder auto-regulador infantil começa a definhar*. Torna-se mais frágil à medida que o encouraçamento se espalha por todo o organismo, e *precisa* ser substituído por princípios morais compulsórios para que a criança exista e sobreviva no ambiente que lhe é proporcionado. A regulação compulsória dos infantes não é, pois, resultado de más intenções ou de malícia por parte dos pais e educadores. É uma terrível necessidade, uma medida de emergência[70].

Finalmente, a discussão do papel exercido pela família na supressão das manifestações sexuais da infância desdobra-se para as diversas agências educadoras, como o ambiente social, a literatura educacional, os grupos políticos, as recomendações da medicina no trato de bebês e de crianças, e a educação formal na escola.

No entanto, Reich não foi apenas um espírito crítico. Atuou em prol da transformação da sociedade e elaborou propostas alternativas para o modelo vigente, que examinarei mais adiante.

---

70. Idem, *Children of the Future*: on prevention of sexual pathology, p. 44-45. Grifado no original.

3. Educação como Transformação

*– que o homem é uma ponte e não um fim:
proclamando-se venturoso, seja de seu meio-dia
ou de seu anoitecer, como caminho para novas auroras*[1].

PROFILAXIA DA NEUROSE

O interesse que Reich demonstra pela educação, desde seus primeiros anos como discípulo de Freud, logo toma a forma de proposições e de ações práticas.

Como bem destaca Matthiesen, Reich, inspirado por idéias freudianas, acredita ser uma importante função da psicanálise fornecer os fundamentos para um plano educacional que visa a redução da incidência de transtornos mentais na sociedade[2].

O jovem discípulo assume o ponto de vista de Freud de que a neurose é fruto da influência ambiental, isto é, da experiência, mesmo que associada a um certo grau de predisposição[3]. A reconstrução histórica da gênese da doença mental, resultante do processo terapêutico, permite definir algumas situações, típicas no trato das crianças, responsáveis pelo seu desenvolvimento. Para Reich, portanto, a psicanálise encontra-se em posição de informar um projeto de redução dos distúrbios emocionais em novas gerações pela eliminação ou diminuição dos procedimentos que os causam.

---

1. F. Nietzsche, *Obras Incompletas*, p. 234.
2. S. Q. Matthiesen, *A Educação em Wilhelm Reich*: da psicanálise à pedagogia econômico-sexual, p. 46-49.
3. S. Freud, *Conferências Introdutórias Sobre Psicanálise (parte III)*, p. 397-417.

Tal proposta não é de fácil aceitação. Na década de 1920, a teoria psicanalítica ainda tem pouca penetração, tanto junto a médicos e psicólogos quanto a leigos – a postura reichiana, centrada na questão da sexualidade infantil, sofre oposição dentro do próprio movimento psicanalítico.

Reich, entretanto, mostra-se seguro da necessidade social de um programa de profilaxia da neurose. Desde 1922, participa do atendimento na Policlínica de Viena[4], onde pode comprovar, em termos estatísticos, a relação entre os sintomas neuróticos e as perturbações da vida sexual[5]. A experiência com a grande quantidade de pacientes que procuram ajuda na policlínica reforça a urgência da intervenção preventiva. A neurose não pode ser tratada apenas de maneira individual em consultório, pois se manifesta em larga escala.

A situação exigia medidas sociais lúcidas e amplas, visando à prevenção das neuroses. [...] A varíola é evitada pela vacinação imediata. As medidas necessárias para prevenir as neuroses apresentam uma imagem obscura e assustadora. Mesmo assim, não podem ser contornadas. A única possibilidade de êxito está em destruir a fonte da qual brota a miséria neurótica[6].

A partir da segunda metade da década de 20, Reich e alguns psicanalistas ligados a ele organizam reuniões para dar orientação a pais, educadores e adolescentes, procurando esclarecer-lhes as questões ligadas à sexualidade, desde a infância até a vida adulta. Iniciam a produção de textos para auxiliar nessa tarefa, que vão desde discussões teóricas sobre cultura e sexualidade, como os artigos que compõem *The Sexual Revolution: toward a self-regulating character structure* (A Revolução Sexual) e *The Invasion of Compulsory sex-morality* (A Irrupção da Moral Repressiva)[7], até escritos destinados ao público leigo, como *O Combate Sexual da Juventude*[8] de 1932 e *Se Teu Filho Te Pergunta*, de autoria da primeira esposa de Reich, Annie, em que o próprio contribui com o artigo "Sobre o Onanismo".

A leitura dessas obras permite visualizar o teor de suas propostas de mudanças da legislação vigente e a maneira como a sociedade encara a sexualidade. Entre outras medidas, Reich sugere a orientação sexual para crianças, jovens e adultos, a reforma educacional que estabeleça a admissão e a aprovação da sexualidade infantil, a anulação das leis contra o aborto, a descriminalização da homossexualidade, a abolição da distinção legal entre casados e não-casados, a liberação do

---

4. Clínica para atendimento popular, em linha psicanalítica, que Reich ajuda a fundar como médico assistente em 1922, e que dirigiu no final da década.
5. Ver discussão da potência orgástica na p. 9.
6. W. Reich, *A Função do Orgasmo*, p. 171.
7. Ver p. 14 e 23.
8. Mais tarde, este texto foi traduzido para o inglês e revisado por Reich. Foi publicado no livro *Crianças do Futuro* (1983), com o título de "Os Direitos Sexuais da Juventude".

divórcio, a destinação de espaços públicos para que os jovens possam se encontrar de forma particular e tranqüila, a distribuição gratuita de contraceptivos, e o esclarecimento do papel ideológico dos escritos fascistas que associam o povo judeu à sexualidade pervertida. A aceitação e o apoio às manifestações sexuais da infância são considerados por ele como fundamentais para a extinção ou, pelo menos, a minoração da miséria e do caos social. Quanto à adolescência, afirma que:

> uma solução racional para os problemas da adolescência [entenda-se, um apoio efetivo da comunidade para que os adolescentes possam ter uma vida sexual saudável] eliminaria, de uma só vez, uma enorme quantidade de males sociais como a delinqüência juvenil, a necessidade de atendimento público a pacientes mentais, a infelicidade do divórcio, a criação infantil miserável etc.[9].

Em pouco tempo, muitos grupos de orientação começam a funcionar nos mais diversos ambientes, ligados a movimentos políticos populares. Reich sente a necessidade de abandonar o jargão psicanalítico e utilizar uma linguagem mais simples para que as palestras sejam compreendidas pelo público leigo e, assim, ajudem-no a entender melhor as suas dificuldades cotidianas.

> As seguintes perguntas eram típicas; feitas por pessoas de todos os círculos e profissões, em reuniões abertas, tinham resposta. (*sic*)
> O que é que se deve fazer quando a mulher, apesar de um desejo consciente, tem a vagina seca?
> Com que freqüência se deve praticar o ato sexual? [...]
> É certo praticar o ato sexual por trás?[...]
> Há algum remédio para a insônia?[...]
> O que se deve fazer quando se quer ter uma relação sexual e há outras pessoas dormindo no mesmo quarto?[10].

Muitas outras indagações de caráter prático e pessoal como estas são formuladas pelos participantes. O interesse da população em discutir o assunto, em contraposição à falta de informação reinante, para Reich, demonstra a urgência de uma ampla ação educativa na esfera da orientação sexual. À medida que cresce sua experiência neste campo, adquire mais certeza de que não está lidando com dificuldades de cunho individual, mas com uma problemática coletiva, cuja solução depende de mudanças na própria estrutura da sociedade.

> Eu tinha, além do mais, resolvido um problema que permanecera obscuro até então: a relação entre a fixação sexual da criança pelos pais e a geral supressão social da sexualidade. Estávamos lidando aqui com um fato característico da educação, em geral, e por isso o problema assumia nova perspectiva[11].

---

9. W. Reich, *Character Analysis*, p. 531.
10. Idem, *A Função do Orgasmo*, p. 167.
11. Idem, p. 172.

Reich leva sua proposta para as organizações políticas de esquerda, acreditando que a mudança cultural que contemple uma vida sexual mais saudável para todos é ingrediente essencial de uma verdadeira revolução social, objetivo que agora considera imprescindível.

Em 1929, Reich apresenta sua posição em uma reunião na casa de Freud. Suas idéias não são bem recebidas, e sua afiliação ao Partido Comunista não facilita as coisas. Sentindo necessidade de um ambiente mais acolhedor para seus pontos de vista, Reich muda-se, em 1930, para Berlim, onde já existe um grupo de psicanalistas atuando junto aos movimentos de esquerda. Lá, espera poder desenvolver seu trabalho de profilaxia com o apoio de seus colegas.

Durante os anos em que desenvolve sua prática político-sexual, o interesse de Reich expande-se para a área cultural e política, para o estabelecimento de uma nova ordem social capaz de proporcionar à sociedade melhores condições de vida, tanto no plano econômico quanto no psíquico-emocional. Debruça-se sobre temas como o da injustiça social, dos privilégios de uma elite, da construção de um amplo projeto coletivo, do autoritarismo e da liberdade, propondo, então, uma *revolução sexual*.

EDUCAÇÃO E REVOLUÇÃO SOCIAL

Em Berlim, no começo da década de 30, a atividade de Reich com os grupos de orientação toma corpo, amadurece e floresce em uma organização para a política sexual, a Sexpol, que chega a contar com cerca de quarenta mil associados[12]. Por um lado, Reich procura politizar a questão da sexualidade, vinculando seu trabalho ao Partido Comunista; por outro, tenta congregar as mais diversas associações dirigidas à educação sexual em propostas comuns, independentemente de suas tendências político-partidárias.

Em um primeiro momento, a capacidade de atrair jovens para o movimento proporciona a Reich uma posição de liderança respeitada. Com o tempo, porém, começam a surgir dificuldades. Os dirigentes comunistas passam a acusar Reich de desviar a atenção da juventude para problemas pessoais, pequeno-burgueses, afastando-os das questões econômicas e políticas e, assim, do verdadeiro caminho revolucionário.

Quando Hitler sobe ao poder, em 1933, a situação de Reich já é insustentável. Sua crítica à maneira como os teóricos marxistas e os dirigentes partidários tratam dos temas da educação e da sexualidade acaba por apartá-lo de vez da doutrina por eles apregoada e, neste mesmo ano, ele é oficialmente expulso do partido.

---

12. Idem, *People in Trouble*, p. 152.

Neste período em que permanece ligado aos movimentos de esquerda, sob a forte influência das idéias marxistas de luta de classes e de implantação do comunismo, o pensamento educacional reichiano encontra-se vinculado à noção de revolução. Para que a inovação dos costumes e a liberação sexual ocorram, as leis, as relações de produção e a estrutura de poder precisam ser alteradas. Essa transformação exige que a nova sociedade abandone o padrão autoritário e permita, assim, o desenvolvimento de um socialismo genuinamente paritário. A educação de um novo homem se faz necessária.

Reich distancia-se das proposições freudianas expressas no artigo *O Mal-estar na Civilização*, de 1930, por considerá-las cada vez mais conservadoras, um retrocesso em relação às idéias que tanto o atraíram para a psicanálise, um projeto de adaptação cultural baseado em argumentos que levam à resignação[13].

Por seu lado, Reich vislumbra a reestruturação pulsional do homem como forma de torná-lo mais afeito à vida comunitária e aos ideais de convivência mais igualitária e justa.

Esta nova estrutura deve dar conta da tarefa principal da economia energética do organismo que é a de assegurar a descarga sexual, retirando do caminho a enorme pressão do recalcamento e da sexualidade pervertida. O homem da nova sociedade deverá funcionar com base em suas pulsões primárias positivas sexuais e amorosas, direcionadas para o crescimento, o conhecimento e o trabalho, e não mais a partir de suas pulsões secundárias destrutivas e anti-sociais[14].

Entretanto, a mudança necessária não poderá ser feita por decreto. O homem comum está organizado de tal forma que, se retirarmos a repressão aos instintos abruptamente, as pulsões secundárias é que virão à tona primeiro. Isto representaria a desordem, a violência e o império das perversões.

Tal qual a *disciplina moralizante*, a economia sexual também aspira por uma "conduta moral". No entanto, pretende estabelecê-la de maneira diferente, assim como é inteiramente diversa a sua compreensão do que seja moralidade – não algo antitético à natureza, mas que lhe é harmônico, assim como à civilização. A economia sexual opõe-se à regulação moral compulsória, mas não à moralidade que seja afirmativa à vida[15].

A anuência à moral compulsória, anti-sexual, é inadmissível. Requer-se, portanto, um projeto de transição entre a proibição indiscriminada às pulsões e uma nova postura de aceitação – ou mesmo de favorecimento – das manifestações sexuais.

---

13. W. Reich, *A Função do Orgasmo*, p. 186-189.
14. Ver discussão sobre pulsões primárias e secundárias na p. 10.
15. W. Reich, *The Sexual Revolution*: toward a self-regulating character structure, p. 25. Grifado no original.

Reich afirma que, como a reestruturação do homem será um processo demorado, a moral compulsória ainda será indispensável por um bom tempo. No entanto, a verdadeira revolução social deve reconhecer a diferença entre a sexualidade natural e a pervertida, apoiando a primeira e reprimindo, pela moral compulsória, a última, enquanto for necessário[16].

Resumindo, podemos dizer que, durante o período de transição da sociedade autoritária para a livre, o seguinte princípio seria válido: disciplina moralizante para as pulsões secundárias, anti-sociais e auto-regulação econômico-sexual para as necessidades biológicas naturais. O objetivo do desenvolvimento social é eliminar progressivamente as pulsões secundárias e a compulsão moral que as acompanha, substituindo-as completamente por auto-regulação econômico-sexual[17].

A tarefa mais importante para a criação de uma nova sociedade é "modificar a educação de tal maneira que o impulso para essas ações (destrutivas, anti-sociais) não mais existam"[18].

A reconstituição pulsional da massa só ocorrerá por meio da educação, já que uma terapia coletiva não seria viável.

Do que necessitamos é:
1. o mais exato entendimento dos mecanismos pelos quais as emoções são patologicamente controladas;
2. a aquisição da mais larga experiência possível no trabalho prático com crianças, para descobrir qual a atitude que as próprias crianças assumem em relação aos seus impulsos naturais dentro das condições existentes;
3. descobrir as condições educacionais necessárias para estabelecer uma harmonia entre a motilidade vegetativa e a sociabilidade;
4. a criação da fundação geral econômico-social para conseguirmos as condições anteriores[19].

Os estudos do desenvolvimento da sexualidade e da estrutura pulsional tornam-se essenciais para a formulação de uma proposta educacional, já que as pulsões secundárias variam de acordo com a faixa etária, a fase sexual e a identificação da criança com o adulto que a reprime.

A meta central na formação do novo homem é impedir que se torne inapto para a fusão orgástica[20], assim como para a suavidade e a sensualidade do amor genital. É fundamental que a vida sexual, desde a

16. Idem, p. 23.
17. Idem, p. 24.
18. Idem, ibidem.
19. Idem, *A Função do Orgasmo*, p. 298.
20. Para Reich, no orgasmo, os campos energéticos dos dois organismos fundem-se, com a correspondente sensação de dissolução do ego – um sentimento de perda da individualidade e, ao mesmo tempo, de união com o outro.

primeira infância, não seja inibida, para que se mantenha a capacidade de entrega ao movimento espontâneo do orgasmo.

Apenas as pessoas que alcançam a sexualidade genital saudável são capazes de trabalho voluntário e auto-regulação não-autoritária. O movimento revolucionário que menospreza a função da couraça autoritária resulta em retrocesso, como o ocorrido no comunismo russo. A adaptação ao socialismo por meio de mandamento moral é ineficaz e, portanto, conduz ao fracasso. "Tudo o que se pode fazer é ajudar o homem da melhor forma possível a desenvolver suas potencialidades naturais"[21].

Aqui, devemos distinguir cuidadosamente duas espécies de ideais: aqueles que têm origem na mobilidade vegetativa natural da criança, e os que derivam da necessidade de autodomínio e da repressão dos instintos. Dos primeiros, depende o trabalho voluntário, livremente produtivo; dos segundos, o trabalho como dever. Assim, na sociedade patriarcal, a autonomia na adaptação social e o trabalho agradável são substituídos estruturalmente pelo princípio da obediência à autoridade e do trabalho como dever, com a conseqüente revolta[22].

Na visita que faz à União Soviética em 1929, Reich distingue as duas atitudes educacionais típicas que estão se forjando no regime comunista. "As minhas impressões dos jardins de infância soviéticos foram bastante contraditórias. Os velhos modelos patriarcais conviviam lado a lado com novas atitudes, não usuais e auspiciosas"[23].

Reich reserva suas críticas mais contundentes à prática educacional que se baseia em exortações morais de ideais comunistas e na disciplina revolucionária, cuja feição autoritária vai totalmente de encontro com os ideais de uma nova geração mais livre, crítica, apta a trabalhar e a criar uma nova realidade social[24]. Assinala que seus métodos rígidos e moralistas em nada diferem dos sistemas de ensino burgueses e, por isso, representam um recuo no movimento transformador. Por meio deles, forma-se uma geração de indivíduos submissos, cuja estrutura pulsional os impedirá de se tornarem cidadãos atuantes na nova organização, necessária para o ideal socialista. A educação moralista reacionária, ao formar estruturas retrógradas, levará a revolução ao descaminho.

Para Reich, esta é a tendência que, lamentavelmente, prevalece na União Soviética.

Ainda assim, a experiência soviética permitiu o surgimento de algumas atitudes promissoras, que evidenciam propostas pedagógicas

---

21. W. Reich, *The Sexual Revolution*: toward a self-regulating character structure, p. 247.
22. Idem, Os Jardins de Infância na Rússia Soviética, p. 41.
23. Idem, *The Sexual Revolution*: toward a self-regulating character structure, p. 251.
24. Idem, p. 191-199.

verdadeiramente revolucionárias. Práticas como a de autogoverno, em que as crianças organizam suas próprias atividades; ou a da integração das tarefas manuais e intelectuais nas escolas para o trabalho que, segundo ele, geram mudanças não apenas superficiais, mas estruturais; ou, ainda, a genuína camaradagem, que inclui a crítica de ambos os lados, entre estudantes e professores de algumas escolas, são provas de que é possível um caminho alternativo para a formação de uma nova geração socialista.

Reich narra sua visita a um parque de Moscou, onde os adultos deixavam seus filhos com monitores para passar algumas horas. Ali, um grupo infantil heterogêneo podia conviver, fomentando novas amizades, algumas vezes duradouras. Descreve com admiração uma aula de música em que as crianças receberam diversos instrumentos e o professor ao piano começou a tocar ritmos variados. Em pouco tempo, sem que ninguém os obrigasse ou exortasse a nada, os participantes formaram uma grande orquestra, executando músicas diversas e divertindo-se. Embora a existência de oficinas culturais em parques seja comum também em regimes capitalistas autoritários, a maneira viva de lidar com os pequenos, o valor concedido à liberdade, o planejamento de atividades em clima de não-organização e o respeito ao desejo de ação motora do infante emprestavam a este trabalho um colorido especial, muito importante. "E crianças que experimentam tal alegria em jogos desenvolvidos 'de forma não organizada' estarão estruturalmente capazes e prontas, por si mesmas, para gerar a ideologia da democracia do trabalho, em vez de limitar-se a papagaiá-la mecanicamente"[25].

Reich dedica atenção especial à escola de Vera Schmidt[26], para ele, a experiência mais concreta da educação infantil centrada no respeito às funções naturais da criança, um exemplo de formação da estrutura não-autoritária[27].

Schmidt antecipou-se, segundo Reich, aos ensinamentos da economia sexual. Partindo de seus conhecimentos psicanalíticos, intuiu a carência de uma pedagogia que amparasse o desenvolvimento natural das crianças, eliminando ao máximo a influência negativa dos adultos encouraçados.

Entre os pontos positivos da metodologia utilizada, Reich salienta a proibição de qualquer censura ou reprovação às manifestações sexuais dos alunos. Assim, as crianças podiam tocar seus genitais sem que ninguém as repreendesse nem as procurasse distrair. Não era permitido

---

25. Idem, p. 252.
26. Psicanalista russa que fundou um jardim de infância experimental, de inspiração psicanalítica, em 1921, sob os auspícios da Revolução Russa. Já em 1922, perdeu o apoio oficial e, logo em seguida, interrompeu as atividades devido à pressão dos comitês educacionais que viam com maus olhos a atitude afirmativa às manifestações sexuais infantis.
27. W. Reich, Os Jardins de Infância na Rússia Soviética, p. 45.

admoestá-las se molhassem de urina, ou sujassem de fezes, suas roupas ou camas. Não havia treinamento de uso de banheiro, nem exigência de limpeza. Os professores eram esclarecidos sobre a importância do desenvolvimento sexual.

Nesta sua avaliação, Reich toca em um ponto fundamental da problemática educacional sob a ótica da transformação: a ênfase conferida pela psicanalista-educadora ao trabalho de preparação dos profissionais para adequá-los à sua linha pedagógica. Está claro que a maioria dos adultos não saberá como reagir, ou reagirá de maneira inadequada, diante das situações que surgirão em um ambiente afirmativo à sexualidade e à autonomia. Pessoas que cresceram sob orientação anti-sexual e autoritária não têm facilidade para aceitar as manifestações instintuais infantis, tampouco sabem lidar com crianças sem causar nelas a expectativa de aprovação. É imprescindível, portanto, a reestruturação dos próprios professores para que estes abracem verdadeiramente o novo sistema. Reich retoma, assim, o velho lema de Marx: "o próprio educador precisa ser educado"[28].

O educador deve agir constantemente sobre si próprio. Verificou-se no jardim de infância que a agitação ou a desordem entre as crianças era normalmente o resultado de atitudes neuróticas inconscientes por parte dos professores. A educação regida pelos princípios da economia sexual tornar-se-á possível somente quando seus agentes estiverem libertos de motivações inconscientes, ou ao menos tenham aprendido a conhecê-las e controlá-las[29].

No projeto de Schmidt não era permitido emitir juízos morais a respeito dos alunos; ninguém deveria criticar ou elogiar a criança por suas ações ou obras, para que ela não sentisse necessidade de aprovação, isto é, em vez de dirigir seus comentários à pessoa da criança, o adulto podia apenas analisar os trabalhos produzidos por seu valor intrínseco[30].

A escola proporcionava materiais de acordo com as necessidades das crianças em cada fase, facilitando assim o processo de crescimento. Schmidt propõe que a adaptação do infante à realidade não seja brutal e injustificada. "É preciso que o mundo exterior não lhe pareça uma força hostil", e que todas as limitações realmente necessárias (não-arbitrárias) tenham um fundamento e uma apresentação inteligível para a criança. "A adaptação à realidade acontece mais facilmente nas crianças que têm uma forte consciência de si próprias e um sentimento de independência"[31].

---

28. Apud W. Reich, *Materialismo Dialético e Psicanálise*, p. 32.
29. W. Reich, Os Jardins de Infância na Rússia Soviética, p. 48.
30. Idem, p. 45-52.
31. V. Schmidt, Educação Psicanalítica na Rússia Soviética, p. 25.

As crianças do jardim não eram de qualquer forma contrariadas no seu desejo de atividade motora: podiam correr, saltar, gritar à vontade. Deste modo tinham não só a possibilidade de exprimir as suas tendências naturais, como também de pô-las em prática[32].

A partir de sua visita às escolas soviéticas, Reich começa a discutir os elementos essenciais de uma proposta educacional não-autoritária inserida no esforço revolucionário. Esses fundamentos não constituem, evidentemente, uma pedagogia econômico-sexual propriamente dita[33]. Indicam, apenas, direções para o futuro desenvolvimento de uma teoria pedagógica consistente, associada aos princípios nucleares da economia-sexual.

Reich prega o desenvolvimento da sexualidade mais livre e mais próxima possível do funcionamento natural. "A ação fundamental indispensável para criar uma estrutura não-autoritária no homem é a educação afirmativa à sexualidade das crianças"[34].

As necessidades do infante ditam o planejamento das atividades, relegando as considerações morais e filosóficas ao segundo plano. Brinquedos e materiais são utilizados e renovados em conformidade com as demandas da criança. Julgamentos pessoais são vedados. Nunca se levanta a voz para a criança. As produções são avaliadas, mas não os seus autores. Se uma criança machuca outra, mostra-se a ela a dor causada, evitando imbuí-la do sentimento de culpa. Castigos corporais são impensáveis, assim como excessivas demonstrações de carinho, que servem apenas para satisfazer a carência afetiva do educador. Acima de tudo, não se preparam alunos para a disciplina e a obediência; almeja-se o desenvolvimento autônomo e autodisciplinado, com especial ênfase para a liberdade de movimentos e a convivência não-hierárquica entre educadores e educandos[35].

O educador tem que estar atento às suas próprias motivações educacionais, já que seus desejos inconscientes, distantes da realidade educacional e desligados de sua relação com a criança, podem tornar-se o motor de uma compulsão a educar que levará fatalmente a uma atitude autoritária[36].

Os princípios gerais assim expostos possuem como núcleo a manutenção da motilidade vegetativa, a atitude afirmativa em relação às

---

32. W. Reich, Os Jardins de Infância na Rússia Soviética, p. 49.
33. Matthiesen comenta, a esse respeito, que o uso do termo *pedagogia econômico-sexual* por parte de Reich (*Character Analysis*, p. 525) denota uma "articulação, ainda que inicial, entre o campo da pedagogia e o campo da economia sexual" (S. Q. Matthiesen, *A Educação em Wilhelm Reich*: da psicanálise à pedagogia econômico-sexual, p. 210).
34. W. Reich, *The Sexual Revolution*: toward a self-regulating character structure, p. 254.
35. Idem, p. 250-255.
36. Idem, Os Pais como Educadores: a compulsão de educar e suas causas, p. 53-68.

pulsões sexuais e às manifestações vitais da criança, questões herdadas da inquietação reichiana com a profilaxia da neurose. Sua meta final, no entanto, transcendendo o tema da saúde, é a formação de um novo homem, autônomo, criativo, solidário, ético, responsável pelas suas próprias ações e opções, o agente construtor da nova sociedade. A tarefa revolucionária da educação é criar

> uma nova vida para toda a juventude trabalhadora, que surja a partir de suas necessidades; preparar os jovens para serem independentes, antiautoritários, felizes em seu trabalho, capazes de gratificação sexual, aptos a tomar decisões e a pensar criticamente por suas próprias convicções e não por obediência[37].

Dessas considerações depreende-se a educação inserida no processo dialético social, uma proposta ao mesmo tempo crítica e instigadora, de inspiração revolucionária, que tem como ingredientes importantes o conhecimento científico e a reflexão ideológica, como comprovam os diversos artigos que Reich publicou de 1929 a 1934. Entre eles: "O que é Consciência de Classe", "Politizando o Problema Sexual da Juventude e Reformando o Movimento Trabalhador"[38]. Entretanto, a grande contribuição do pensamento reichiano aos projetos de educação transformadora, o que lhe empresta um caráter particular especial, é a integração do aspecto afetivo estrutural ao intelectual. Para Reich, o sentido conservador ou revolucionário do fenômeno educativo é definido pela forma como a questão da estrutura pulsional é tratada. Por meio de sua insistência na reestruturação psíquico-emocional do homem, Reich contribui com o elo que falta entre as propostas inovadoras e sua prática social.

Neste panorama de luta por mudanças sociais através da revolução socialista em que se insere o pensamento reichiano, até meados da década de 1930, a educação tem um lugar de destaque por sua importância na formação das novas gerações. Entretanto, ainda não tem o papel nuclear na transformação social, como acontecerá mais adiante, quando Reich compreende que os regimes comunistas tendem a se tornar fascistas, reacionários e conservadores no que tange à questão da sexualidade.

Também a crítica à política como jogo de poder ligado à peste emocional leva Reich a acreditar que o caminho legítimo para uma reformulação estrutural da sociedade é a educação, que assume, então, uma posição realmente central em suas expectativas.

---

37. Idem, *The Sexual Revolution*: toward a self-regulating character structure, p. 226.
38. Idem, *Sex-pol Essays*.

CRIANÇAS DO FUTURO

Depois de se desligar da Associação Psicanalítica e do Partido Comunista, emancipando-se em termos práticos e teóricos, já com seu próprio pensamento mais amadurecido, Reich amplia ainda mais suas concepções e propostas para a educação.

Além das já citadas mudanças em relação ao método, à cosmovisão e à noção de homem que se deram a partir deste momento[39], e do nascimento de seu terceiro filho em 1944[40], o fator mais importante para a evolução do pensamento educacional reichiano neste novo contexto foi a entrada em cena de Alexander S. Neill, o conhecido fundador e diretor da escola Summerhill. Para Reich, foi muito gratificante encontrar um educador com quem comungasse seus princípios básicos, comprovando-os na prática.

Por sua vez, Neill chegou a Reich após ter lido seus escritos e encontrado neles formulações, no âmbito da psicanálise, que se afinavam com as suas próprias idéias, principalmente a forma positiva de encarar os instintos naturais do ser humano. A esta altura, sua escola, alicerçada no princípio da liberdade e do autogoverno, já funcionava há mais de uma década.

Neill primeiramente foi paciente de Reich, mas depois a sua relação transforma-se em estreita amizade que dura, apesar da distância geográfica[41], até a morte deste. As cartas escritas entre eles, publicadas como *Record of a Friendship: the correspondence between Wilhelm Reich and A. S. Neill* (Registro de uma Amizade: a correspondência entre Wilhelm Reich e A. S. Neill, 1936-1957), tratam de vários assuntos, incluindo tópicos de suas vidas particulares, comentários a respeito da situação mundial e da política e, evidentemente, discussões sobre os temas pertinentes à educação de crianças, que interessam a ambos.

A troca com Neill contribui com diversos elementos novos para o pensamento reichiano. Torna-se mais palpável, e mais próximo, o tema da educação formal. Reich, pela primeira vez, acompanha de forma seguida uma experiência escolar concreta e debate com o amigo os muitos aspectos da prática, os enigmas e as possíveis soluções para os problemas da escola.

O convite feito a Neill, em 1950, para que viesse dirigir uma escola orgonômica, em seu projeto de ampliação das atividades junto a seu laboratório no Maine[42], demonstra o desejo de Reich de implantar um estabelecimento dedicado à educação formal, como pólo experimen-

---

39. Ver primeiro capítulo, p. 5 e 15.
40. Ver p. 37.
41. Neill mora na Inglaterra e Reich, primeiro na Noruega, depois nos Estados Unidos.
42. R. B. Placzek (ed.), *Record of a Friendship:* the correspondence between Wilhelm Reich and A. S. Neill, p. 270-271.

tal, onde realizaria suas pesquisas concernentes ao desenvolvimento infantil e à pedagogia. Reich confia no amigo para compor o projeto pedagógico do funcionalismo orgonômico, ainda por criar. Tal, entretanto, não chega a concretizar-se pela recusa de Neill.

A práxis "summerhilliana", apesar de toda a proximidade com as idéias reichianas, tem identidade própria. A escola de Neill não é o retrato vivo da proposta reichiana, assim como as idéias de Reich não são o único fundamento teórico aí utilizado. Embora sejam grandes amigos e encontrem forte semelhança entre suas visões educacionais, ambos mantêm sua independência.

Ainda assim, dessa extensa troca de experiências, Neill aproveita a oportunidade de contar com uma teoria que não entra em conflito constante com suas teses principais. A psicanálise freudiana, de que se servira até então, pressupõe a existência de uma tendência natural ao sadismo e às atitudes anti-sociais, que não se confirmavam na prática de Summerhill. Neill vinha afirmando há anos que "as crianças jamais são cruéis, a não ser que tenham sido forçadas a reprimir uma forte emoção. Crianças livres têm pouca ou nenhuma hostilidade a expressar"[43]. Ele relata que quase todas as crianças de sua escola, após um período de adaptação em que manifestavam seu sadismo e crueldade – resultados da atitude autoritária de seus pais e educadores antes da vinda para o ambiente de aprovação que ali encontravam –, demonstravam uma tendência natural para a sociabilidade e o amor. Para ele, portanto, é um alívio encontrar um teórico, estudioso da estrutura psíquica humana, com posições tão semelhantes às suas. Embora Neill, em seus livros, cite Reich apenas ocasionalmente, é possível perceber o aproveitamento das idéias reichianas em um contexto geral. Entre outros temas, Neill discute o encouraçamento[44], a necessidade de vida sexual na criança e no adolescente[45], a atitude antivida dos educadores[46], e até mesmo a auto-regulação na alimentação: "O regular-se por conta própria devia ser hábito inculcado desde o nascimento, com a primeira alimentação"[47].

Os discursos de Reich e de Neill, em determinados momentos, aproximam-se de tal forma que caberia uma investigação específica para esboçar o papel de cada um na construção de seus conceitos. O que interessa mais diretamente aqui é a influência desta relação nas mudanças pelas quais passa o pensamento reichiano nos anos de 1930, 40 e 50. Neill afirma sempre que não é um pensador, e que suas observações foram extraídas de sua experiência como educador. Reich, por seu

---

43. A. S. Neill, *Liberdade sem Medo*, p. 253.
44. Idem, p. 193.
45. Idem, *Liberdade, Escola, Amor e Juventude*, p. 131.
46. Idem, *Liberdade sem Medo*, p. 319.
47. Idem, p. 164.

lado, não possui uma prática extensa com crianças, e seu conhecimento pedagógico foi construído no campo teórico. Assim, toda a vivência de Neill, levada a cabo em um ambiente educacional afirmativo à vida e à auto-regulação, permite a Reich confrontar algumas de suas hipóteses com a realidade escolar. Durante a década de 1940, Neill contribui com diversos artigos para as revistas que Reich edita nos Estados Unidos, acrescentando assim o tema da educação formal aos trabalhos dedicados à ciência da orgonomia e à técnica terapêutica.

Reich finalmente tem como apoiar seus argumentos em uma experiência educacional eficaz. "Alexander Neill tem, por décadas, feito um belo trabalho ao provar na prática minha afirmação de que o desenvolvimento natural, auto-regulado de crianças, é possível"[48]. A escola de Neill serve como contrapeso às más impressões deixadas pelas escolas socialistas onde tentou educar suas filhas. O otimismo com que Reich vê os resultados obtidos em Summerhill, aliado às suas vivências negativas na prática política e à rejeição dos círculos intelectuais e científicos às suas idéias, leva-o a depositar ainda mais na educação a esperança de transformação.

Reich julga propícia a criação de projetos educacionais de orientação funcional orgonômica, com profissionais especialmente treinados para isso. Espera poder contar com crianças provenientes de ambientes familiares mais afirmativos à vida, cujos pais concordem com os seus princípios básicos.

Em carta de 1949 a Neill, Reich demonstra interesse na formação de educadores.

O problema de como organizar e treinar professores em nossa área faz-se mais urgente a cada dia que passa. É de importância vital viabilizar o ensino dos princípios educacionais de auto-regulação, de forma que possam ser transmitidos de geração a geração[49].

Em seus escritos mais recentes, Reich afasta-se definitivamente da idéia de transformação por meio da política. Abandona as teses marxistas de luta de classes e deixa de responsabilizar determinados grupos pelo desastre social. Não mais atribui à má natureza, ao pecado original ou à má consciência política, mas sim ao encouraçamento biológico, a causa da ruína humana[50].

Além disso, acredita cada vez menos na possibilidade de alterar a estrutura de poder e os costumes dentro do quadro social de seu tempo. Sua esperança está depositada, agora, em um futuro mais distante, quando o esforço de gerações vindouras frutificará uma nova estrutura pulsional dos indivíduos e, com ela, uma outra sociedade. Cada

---
48. W. Reich, *Ether, God and Devil & Cosmic Superimpositon*, p. 128.
49. R. B. Placzek, op. cit., p. 245.
50. W. Reich, *Ether, God and Devil & Cosmic Superimpositon*, p. 48.

geração captará apenas a parte que lhe é mais acessível deste percurso de mudanças. Reich afirma que a transformação não ocorrerá de uma hora para a outra, devendo operar-se gradualmente, geração a geração, erro a erro, acerto a acerto. "... não podemos esperar senão um avanço constante, em que novas estruturas sadias superem e ocupem o lugar das antigas doentes. Qualquer outra expectativa só levará à desilusão e ao desânimo..."[51].

Reich perde a esperança de realizar uma mudança em curto prazo, porém não se rende ao conformismo. Reconhece que as condições práticas de seu tempo não permitem a instauração imediata do reino do funcionamento genital. Admite a falha de nossa civilização diante dos terríveis acontecimentos das décadas de 1930 e 1940. Ao aproximar-se a década de 1950, o início da Guerra Fria anuncia tempos ainda mais tenebrosos.

> Não podemos, de maneira alguma, pregar a "adaptação cultural" para nossas crianças, quando esta mesma cultura vem se desintegrando sob nossos pés há mais de trinta e cinco anos. Nossas crianças deveriam adaptar-se a este tempo de guerra, genocídio, tirania e deterioração moral?[52].

Reich encontra-se menos otimista, cético quanto à competência do homem para desembaraçar-se das circunstâncias que criou para si mesmo. Mais uma vez, em carta a Neill: "Eu compreendo suas inquietações a respeito do destino de sua escola no futuro, mas não se preocupe; se ela não for capaz de achar um lugar no novo mundo, então nada honesto e decente o fará"[53].

Ao mesmo tempo, confia na força da vida, que precisa ser preservada da influência da educação repressiva. "Só as crianças valem a pena. É necessário recuar até ao protoplasma não afetado"[54].

Reich dedica-se ao esforço científico com o objetivo de deixar um legado teórico-experimental. Caberá à posteridade aproveitar estes conhecimentos da melhor forma possível. Confia que as descobertas da importância da função orgástica e da energia orgone, aliadas ao esclarecimento das chagas do encouraçamento e da peste emocional, são instrumentos essenciais e de extrema utilidade no processo de libertação do homem, que evoluirá de forma mais lenta, mas certamente mais consistente.

A respeito do funcionalismo orgonômico, afirma Reich:

> Este método de pensar e trabalhar torna-se uma força progressiva dinâmica no desenvolvimento social apenas por observar, criticar e mudar a civilização mecânico-

---

51. Idem, *Children of the Future*: on prevention of sexual pathology, p. 38-39.
52. Idem, p. 6.
53. R. B. Placzek, op. cit., p. 47.
54. M. Higgins; C. Raphael, *Reich Fala de Freud*, p. 55.

mística a partir do ponto de vista das leis naturais da vida, e não da perspectiva estreita do Estado, da Igreja, da economia, da cultura etc.[55].

É sobre esta base, este método de pensamento, que se assenta a sua proposta educacional mais radical, forjada no último período de sua vida, mais extremada em sua crítica aos valores de uma civilização falida e na sua recusa a apresentar modelos às novas gerações.

> Há esperança, muita esperança, se apenas reunirmos a coragem e a decência para admitir nossa falha miserável. [...] Não nos cabe ditar às nossas crianças o tipo de mundo que devem ou vão conceber. Contudo, *podemos* equipá-las com o caráter e o vigor biológico que as habilite a tomar *suas próprias* decisões, encontrar *seus próprios* caminhos para construir *seu próprio* futuro e o de seus filhos de uma maneira racional[56].

A investigação do desenvolvimento natural humano é pressuposto indispensável para a realização desta empreitada. Na apresentação que faz ao projeto do Oirc (Centro de Pesquisas Orgonômicas da Infância), no final da década de 40, Reich afirma que "o destino da raça humana dependerá das estruturas de caráter das 'crianças do futuro'"[57].

Para Reich, a maior parte dos estudos do desenvolvimento infantil concentra-se não no funcionamento natural humano, mas na sua distorção devida ao encouraçamento. Esses ensinamentos são importantes porque permitem conhecer o fenômeno da couraça, fornecendo a informação necessária para evitá-la e combatê-la. No entanto, é preciso distinguir os processos naturais da deformação para reconhecer a extensão da deterioração humana. A naturalização do patológico por parte dos estudiosos tem velado o acesso ao desenvolvimento saudável e autônomo nas crianças[58].

Reich, como se depreende de suas análises críticas do surgimento da educação autoritária, não descarta a herança histórica na conformação do ser humano. A prática simbólica é parte das potencialidades inatas ao homem. Mas não é viável que a civilização substitua completamente o homem biológico, inserido na natureza e nela enraizado, regido pelos princípios comuns aos seres vivos e pelas leis mais gerais do cosmos. As formações culturais não podem ignorar esta condição natural; devem, ao contrário, respeitá-la e aprender com ela.

Reich quer a superação da dualidade: o homem, ser da natureza, sujeito apenas às leis naturais; e o homem histórico, produto de sua experiência subjetiva e, portanto, não redutível a aspectos biológicos. Para isso, utiliza a noção de par funcional e de princípio funcional comum. A cultura enraíza-se no funcionamento natural; já o encoura-

---

55. W. Reich, *Ether, God and Devil & Cosmic Superimpositon*, p. 11.
56. Idem, *Children of the Future*: on prevention of sexual pathology, p. 6-7. Grifado no original.
57. Idem, p. 5.
58. Ver p. 11.

çamento rígido e a estrutura genital encontram-se pareados. São duas realizações possíveis da existência humana e ambas necessitam ser elucidadas.

É nesta ótica orgonômica que Reich propõe sua pesquisa de fundamentos para a educação.

Do funcionamento natural humano, até então, só havia sido possível captar alguns relances na observação de crianças com desenvolvimento menos truncado e de indivíduos que passaram por processos terapêuticos de soltura da rigidez caracterológica, bem como nos relatos antropológicos de culturas mais afirmativas às funções vitais do que a nossa.

A observação direta do desenvolvimento infantil saudável é urgente[59]. Pesquisadores e educadores envolvidos nesta investigação devem estar aptos a trabalhar dentro do marco teórico da orgonomia; precisam de treinamento que lhes revele o funcionamento vital como fluxo energético, fruto da relação energia e massa orgânica, ao mesmo tempo em que desvende os mistérios do encouraçamento. Necessitam também conhecer sua própria estrutura de couraça, para que sejam capazes de detectar suas motivações, sua forma pessoal de encarar as manifestações de vida na criança, seus limites e dificuldades, prevenindo-se assim os seus possíveis ataques de peste emocional.

A proposta de pesquisa do Oirc demonstra o aprofundamento da abordagem reichiana do fenômeno infantil. O interesse de Reich transcende o conhecimento gerado pelo seu estudo psicanalítico, que possuía como limite a capacidade de simbolização, e permitia-lhe acesso apenas às lembranças verbais de seus pacientes. Reich debruça-se agora sobre as funções vitais desde a formação do feto no útero, o parto, as primeiras reações do bebê, os seus primeiros dias de vida, além de examinar o desenvolvimento da criança e do adolescente de uma forma que, muito mais do que se ocupar com as manifestações psíquicas e da sexualidade, contempla os aspectos do funcionamento biofísico, mais profundo e anterior à verbalização e ao pensamento[60]. Não se trata mais de um estudo do desenvolvimento psíquico, mas da função vital no homem. "A reestruturação do caráter humano por uma transformação radical, sob todos os aspectos, da nossa maneira de educar as crianças, tem a ver com a própria Vida"[61].

O pensamento reichiano para a educação, que emerge, não constitui uma proposta pedagógica ou um sistema, um modelo educacional. Apresenta-se como debate de princípios e fundamentos de uma prática educacional, uma discussão consistente dos objetivos e dos fundamentos da formação humana. Os acontecimentos atribulados da

---

59. W. Reich, *Children of the Future*: on prevention of sexual pathology, p. 7.
60. Idem, p. 22.
61. Idem, *O Assassinato de Cristo*, p. 10.

última década de sua vida (especialmente o processo que culminou com a sua prisão) acabaram por interromper o desenvolvimento das pesquisas e propostas de estruturação de uma escola experimental orgonômica, de forma que apenas as linhas mestras de suas pretensões foram traçadas.

A educação das crianças do futuro, cujo centro de referência é o funcionamento vital infantil, tem papel fundamental na transformação social almejada. Sua tarefa é desmontar gradualmente milênios de formação humana equivocada.

Sabemos que são principalmente as influências socioeconômicas (a estrutura familiar, as idéias tradicionais de natureza *versus* cultura, as exigências da civilização, a religião mística, etc.) que reproduzem a couraça em cada geração de recém-nascidos. Estes infantes, quando crescidos, forçarão seus filhos ao encouraçamento, a menos que a corrente seja quebrada em algum lugar, algum dia[62].

Nesta formulação, a reestruturação emocional do ser humano não é acessório da revolução social, mas o próprio motor da transmutação cultural que libertará o homem dos seus grilhões. Assim, o pensamento educacional reichiano encontra-se com o tema da liberdade.

---

62. Idem, *Ether, God and Devil & Cosmic Superimpositon*, p. 288.

4. A Liberdade como Valor Central da Educação

> *A opção, por isso, teria de ser também, entre uma "educação" para a "domesticação", para a alienação, e uma educação para a liberdade. "Educação" para o homem-objeto ou educação para o homem-sujeito*[1].

O HOMEM NA PRISÃO

O exame do caminho percorrido pelas reflexões reichianas demonstrou, até aqui, um pensamento crítico que nega o caráter natural da atual condição humana e se direciona para proposições teóricas e práticas, visando a superação do imobilismo social e cultural em nossa civilização. De sua recusa ao conformismo e à adaptação cultural, Reich orienta suas investigações para a transformação do homem e da sociedade.

Neste trajeto, o tema da liberdade assume cada vez maior importância. Se em um primeiro momento o homem livre é apenas conseqüência implícita do funcionamento saudável, a partir da crítica à obediência cega dos homens-máquina[2], o significado da liberdade para o homem ganha espaço e importância nas considerações reichianas, tornando-se um dos tópicos centrais de suas discussões e propostas de mudança cultural e social, especialmente no campo da educação.

Reich inicia um de seus últimos livros, *O Assassinato de Cristo*, publicado em 1953, retomando a indagação formulada por Rousseau, duzentos anos antes: "O homem nasceu livre e por toda a parte ele está

---

1. P. Freire, *Educação como Prática da Liberdade*, p. 36.
2. Ver p. 19.

agrilhoado. Aquele que se crê senhor dos outros não deixa de ser mais escravo que eles. Como se deu essa mudança? Ignoro-o"³.

As análises deste capítulo, dedicado ao tema da liberdade e à sua relação com a educação, partem também desta questão.

Quando averigua o funcionamento do *homo normalis* de nossa cultura, isto é, do indivíduo encouraçado, Reich postula a perda da autonomia como componente-chave da incapacidade do homem de mudar o rumo de seu percurso histórico. No decurso dos últimos milênios, a humanidade vem buscando, por meio de diversas formas de luta, confrontos e convulsões sociais, uma maneira de desmontar a estrutura de dominação e de construir uma sociedade mais justa, onde todos possam participar dos benefícios da civilização, em liberdade. Por que todos esses movimentos têm falhado? É a pergunta que Reich se propõe a responder⁴. Na elucidação das causas desta repetição reside a esperança de encontrar um modo de romper as cadeias deste círculo vicioso.

Em um artigo de 1935, que integra o livro *The Sexual Revolution...* (A Revolução Sexual), Reich descrevera a desastrosa atuação dos diversos organismos da administração soviética, em seu afã de criar um novo homem, o cidadão do socialismo, a partir de teorias marxistas que simplesmente desconheciam o funcionamento estrutural do ser humano. Segundo ele, a Revolução Russa dos primeiros anos iniciou uma avançada reforma na legislação relativa aos costumes e à sexualidade que, com o passar dos anos, deu lugar a uma política reacionária no que tange à vida sexual, uma nova moral acética mais rígida ainda do que a vigente na antiga Rússia ou mesmo nos países capitalistas.

O retrocesso do processo de abertura soviético, os indícios de caos social e de descontrole que surgiram como conseqüência da liberação inicial, a posterior retomada do autoritarismo e do controle moral rígido, bem como sua contribuição para a formação do fascismo vermelho stalinista, fizeram com que Reich compreendesse o perigo de se propor a imediata extinção das restrições moralistas.

Anos antes, quando analisara o fascismo alemão⁵, Reich já havia detectado que a forte tendência social progressista responsável pelo enorme avanço político e cultural da década de 1920 resultara no apoio popular ao regime autoritário nazista. Um retrocesso à primeira vista surpreendente. No entanto, esse tipo de reação é comum a praticamente todos os grandes movimentos de liberação social da história. Há, portanto, uma força em ação neste processo de recuo que precisa

---

3. J. J. Rousseau, *O Contrato Social*, p. 9.
4. W. Reich, *Ether, God and Devil & Cosmic Superimposition*, p. 35.
5. Idem, *Psicologia de Massas do Fascismo*, publicado em 1933.

ser compreendida, caso o objetivo for construir a libertação de forma consistente. "Temos carregado correntes em nossas pernas enquanto tentamos desesperadamente saltar para a liberdade"[6].

Reich vê a história de lutas do homem pela liberdade como uma sucessão de equívocos. No momento em que o homem perdeu a capacidade de encarar suas funções vitais naturalmente, tornou-se prisioneiro de si mesmo. "Quando o homem se viu assim preso pela primeira vez, a confusão tomou conta de seu espírito. Não compreendeu por que estava cativo"[7].

Para Reich, o homem encontra-se em uma armadilha ("man in the trap"), "precisa reconhecer que *está numa prisão*" para poder procurar uma saída. "*A armadilha é a estrutura emocional do homem, sua estrutura de caráter*"[8].

É importante, pois, desvendar o enigma da prisão humana e da necessidade que tem o homem de permanecer encarcerado. Por que ele combate, distorce e destrói todas as suas próprias tentativas de libertação? Urge compreender por que todas essas experiências falharam. Só assim será possível pensar a educação visando uma reestruturação do homem, que, de forma segura, o leve de volta à vida e à liberdade.

> Toda a esperança de acabar com a decadência da educação atual estaria perdida para sempre, irremediavelmente, se esta nova e promissora tentativa de chegar a um novo tipo de educação de crianças malograsse e se transformasse no seu oposto, como sempre foi o caso de todas as iniciativas tomadas pela alma humana[9].

Reich utiliza a história de Cristo para mostrar como toda busca humana de reconquistar o contato franco com suas funções vitais, entre elas a própria liberdade, acaba resultando em nova versão da opressão e da filosofia antivida.

A função que está por trás da recusa em sair da prisão "é a PESTE EMOCIONAL DO HOMEM"[10], que destrói, com seu ódio ao vivo, toda a esperança surgida a cada novo movimento pela liberdade[11]. "O verdadeiro problema do homem é A EVASÃO BÁSICA DO ESSENCIAL. Essa evasão e fuga fazem parte da estrutura profunda do homem. Fugir à saída da prisão é resultado dessa estrutura do homem. O homem teme e detesta a saída da prisão"[12].

Da mesma forma que o indivíduo de nossa sociedade, hoje, levanta muros e grades para proteger sua família e seu lar, tornando-se

---

6. W. Reich, *Children of the Future*: on prevention of sexual pathology, p. 5.
7. Idem, *O Assassinato de Cristo*, p. 19.
8. Idem, p. 4. Grifado no original.
9. Idem, p. 10.
10. Idem, p. 2.
11. Ver discussão sobre a peste emocional na p. 32.
12. Idem, p. 6.

ele mesmo um prisioneiro em sua casa, o homem encouraçado erige sólidas barreiras de proteção contra a angústia causada pela formação antivida, que o impedem de se conectar com seus sentimentos mais íntimos, com suas funções naturais, assim como com o mundo à sua volta. Torna-se cativo de sua própria couraça, preso a uma série de atitudes, idéias e formas de sentir pré-estruturadas, repetições aprendidas por meio de uma educação cuja função é domesticar. "Para se adaptar à vida na prisão, a Vida foi obrigada a desenvolver novas formas e novos meios de existência"[13].

Reich indaga-se sobre a inevitabilidade deste encarceramento. Ou seja, se o homem poderia ter se desenvolvido sem a couraça do autoritarismo.

Para Reich, o encouraçamento é uma função biológica presente, como alternativa, em todos os seres vivos. Em seus experimentos com amebas[14], observou que elas enrijeciam-se em sua periferia diante de estímulos agressivos, voltando a flexibilizar-se assim que estes cessavam. Mantidas durante muito tempo nesse estado crônico, enquistavam-se e morriam.

Porém, a couraça rígida, patológica, que é transmitida de geração a geração, é exclusiva do homem (e de alguns animais por ele domesticados), pois apenas espécies complexamente organizadas podem sobreviver com parte de seu funcionamento comprometido pelo encouraçamento.

As enormes diferenças no tipo de estrutura apresentada pelos diversos povos estudados pela antropologia provam que a repressão do sistema patriarcal é histórica, não tem fundamentação biológica necessária. Portanto, embora seja o caminho trilhado até agora por esta civilização, pode e deve ser abandonado em prol de um melhor desenvolvimento cultural. Cabe ao homem, a partir do momento em que compreendeu esses fatos, escolher o rumo que irá tomar. A humanidade, no entanto, está apenas começando a lidar com a sua recentíssima (em termos de evolução biológica) capacidade de autopercepção e consciência; se aprender a utilizar estas habilidades em consonância com suas funções naturais, então, e só então, a contradição entre o animal humano e a sociedade poderá se desfazer[15].

Enquanto isso não ocorre, o homem permanecerá cegamente em sua prisão, recusando-se a escapar e temendo desesperadamente a indicação de uma saída. Enquanto espera por sua salvação, continuará submisso. Aqui e ali surgirão, como têm surgido, alguns homens capazes de vislumbrar além da armadilha. O mundo da arte está cheio de exemplos dessas visões de liberdade. Outros irão propor formas de

---

13. Idem, p. 20.
14. *The Bion Experiments* (Os Experimentos Bion).
15. W. Reich, *Ether, God and Devil & Cosmic Superimposition*, p. 290-298.

romper os grilhões, mas, como Cristo, serão perseguidos pela peste emocional. Alguns, então, criarão propostas de "liberdade na prisão"[16]. Evitando tratar do essencial (a prisão estrutural emocional do homem), agitarão suas bandeiras e prometerão a "LIBERDADE DO POVO NA PRISÃO". Com o tempo, serão tomados pela embriaguez do poder e esquecer-se-ão do povo, interessando-se apenas por suas guerras e em combater seus inimigos reais ou inventados[17].

"Quando a alma e o corpo se tornam rígidos, todo movimento é penoso"[18]. O homem encouraçado tem como característica básica o imobilismo, que impede a verdadeira transformação, um anseio pela inércia, pois a mudança, para ele, significa angústia[19]; necessita desesperadamente de estabilidade, ordem e segurança. Contudo, a estabilidade, ordem e segurança resultam em estagnação, rigidez nas relações sociais e autoritarismo.

Uma de suas [do homem comum] características mais essenciais veio a ser essa de sentir-se felicíssimo em atirar a sua responsabilidade – de si mesmo para cima de algum *führer* ou político –, pois não se compreende mais e, na verdade, teme a si mesmo e às suas instituições. Está desamparado, é incapaz para a liberdade e suspira pela autoridade porque não pode reagir espontaneamente; está encouraçado e quer que se lhe diga o que deve fazer, pois é cheio de contradições e não pode confiar em si mesmo[20].

A tendência de todos os grandes movimentos que buscam libertação ou mudança é de procurar um inimigo a quem culpar pelos males da humanidade, seja os capitalistas, os comunistas, os judeus, os fundamentalistas árabes, os negros, os traficantes, os pecadores, ou um conselho secreto que ditaria os caminhos da exploração e do inferno humano. Ao refletir sobre a prisão do homem, Reich evita atribuir os males da humanidade a um só grupo[21]. O funcionamento desta prisão é comum a todos os homens. "*O inimigo está em toda a parte*"[22]. A peste emocional e o funcionamento encouraçado não devem ser imputados aos outros, mas desvendados em nós mesmos. Só assim se tornará possível compreender o imobilismo e a incapacidade para a liberdade e para a vida.

Neste processo de descoberta do próprio funcionamento dentro da prisão reside a esperança de mudança, ainda que tardia. Para se pensar em uma nova atitude diante do processo vital nas crianças, é necessário descobrir o temor à vida em nós mesmos.

16. Idem, *O Assassinato de Cristo*, p. 20.
17. Idem, p. 21.
18. Idem, p. 80.
19. Idem, p. 112.
20. Idem, *A Função do Orgasmo*, p. 201.
21. Idem, *Ether, God and Devil & Cosmic Superimposition*, p. 127.
22. Idem, *O Assassinato de Cristo*, p. 259. Grifado no original.

O perigo está no imenso hiato entre a esperança e a capacidade de agir. "Existe, no passado como no presente, um ABISMO intransponível entre o *sonho* da Vida e a *capacidade* do homem de viver a VIDA"[23]. Essa grande distância causa frustração e peste. Se nos ativermos apenas à nossa aspiração por mudanças e pelo funcionamento mais vivo e não atentarmos para os limites de nosso encouraçamento, o resultado será desastroso. A reação pestilenta ocorre exatamente quando o impulso em direção à vida se torna mais forte e mais amplo do que as estruturas podem suportar.

Reich prevê que se um grande movimento pela liberação sexual e social sobrevier a partir de suas idéias, não vingará, e ainda provocará uma onda de insegurança que acabará por gerar o clima propício para uma nova era de autoritarismo.

> Se hoje, ou amanhã, o estado autoritário fosse abolido de uma hora para outra, de forma que as pessoas pudessem fazer o que quisessem, caos em vez de liberdade seria o resultado. Anos de desorientação passar-se-iam antes que a raça humana aprendesse a viver de acordo com os princípios da auto-regulação natural[24].

Qualquer proposta de libertação, tanto no campo político-social quanto no da educação, tem que enfrentar o dilema do homem na prisão, do homem não-livre. É necessário reconhecer as motivações racionais do comportamento irracional para poder desmontá-lo[25]. A condenação pura e simples do autoritarismo leva a um beco sem saída.

"Não se pode impor liberdade ao sistema bioenergético destruído da criança"[26]. É preciso admitir o comprometimento desta estrutura e respeitar seus limites no que concerne às suas funções vitais e à autonomia.

Reich, evidentemente, não defende a educação e a ação política autoritárias. "Dou ênfase a estes fatos não porque sou contra a liberdade, mas por ser absolutamente a seu favor"[27]. Não adianta querer construir uma utopia liberalizante em solo impróprio. Para que a sociedade conquiste a liberdade, primeiramente é preciso encarar o reino do diabo, o território das pulsões secundárias perversas e anti-sociais.

A estrada do homem para a verdadeira liberdade passa inexoravelmente pela compreensão e pelo enfrentamento dos males decorrentes de seu encouraçamento patológico, sua prisão. "O bloqueio ao contato natural com o *self* e com o mundo ao redor diminuirá, lentamente, talvez por muitos séculos, e, finalmente, quando a prevenção ao encoura-

---

23. Idem, p. 78. Grifado no original.
24. Idem, *Ether, God and Devil & Cosmic Superimposition*, p. 135.
25. Idem, *O Assassinato de Cristo*, p. 247-252.
26. M. Higgins; C. Raphael, *Reich Fala de Freud*, p. 43.
27. W. Reich, *Ether, God and Devil & Cosmic Superimposition*, p. 135.

çamento das novas gerações for bem-sucedida, sumirá completamente da superfície da terra"[28].

Antes de tudo, Reich propõe aceitar que nas condições atuais não se pode falar em um homem efetivamente livre, descobrir por que isso ocorre e centrar esforços em uma formação que trate do problema gradual, cuidadosa e seguramente. Isso tudo, sem perder de vista que o ser humano é potencialmente livre em sua função básica de auto-regulação e indeterminação, que é capaz de agir com autonomia e com responsabilidade e de criar uma civilização em harmonia com as leis da vida. Esta outra vertente também precisa ser perscrutada como fundamento da educação para a liberdade.

AUTO-REGULAÇÃO E LIBERDADE

Ao narrar alguns dos fatos políticos ocorridos na Áustria, no final dos anos de 1920, que levaram à adesão do povo austríaco ao nazismo na década seguinte, Reich afirma que "desde então, a compreensão desta insanidade [referindo-se à atitude dos políticos] permaneceu como sendo um dos fatores substanciais em minha busca pelo significado da 'liberdade'"[29].

A incoerência nas atitudes tomadas pelos partidos de esquerda revelava a sua irracionalidade. Reich afasta-se, então, das discussões políticas, em que "*o medo da liberdade e o medo da responsabilidade* (angústia de prazer) se misturam com as idéias de paz e liberdade, e esses objetivos são, por isso, discutidos de uma maneira mais formal do que prática"[30].

Em vista das muitas teorias e racionalizações desenvolvidas com o sentido de evasão ao essencial, Reich procura uma alternativa para a averiguação da validade de suas assertivas. Mais uma vez, apóia-se no parâmetro da saúde e do funcionamento natural, como referencial isento da repressão e da peste emocional.

Para Reich, as habilidades tipicamente humanas não surgem do nada, como uma dádiva divina, mas são especializações de funções naturais mais primitivas, seus princípios funcionais[31]. O desenvolvimento natural é, portanto, guia seguro para o esclarecimento da realidade humana, que permite evitar o emaranhado das elucubrações teóricas evasivas.

---

28. Idem, p. 298.
29. Idem, *People in Trouble*, p. 87.
30. Idem, *Character Analysis*, p. 511. Grifado no original.
31. Ver discussão sobre o princípio funcional e o desenvolvimento das funções naturais na p. 16.

A capacidade intencional de escolha e de ação é característica essencial e exclusivamente humana e, não obstante, está enraizada nas funções biológicas naturais. A liberdade, na ótica reichiana, é o resultado evolutivo da auto-regulação, função que está presente em todas as formas de vida e é fundamental para o processo do organismo vivo, distinguindo-o dos sistemas não-vivos. A aptidão do ser vivo de administrar suas necessidades sem interferência externa é um princípio básico da própria existência da vida[32]. Não se pode pensar, portanto, em vida sem auto-regulação, pois sua ausência é o primeiro passo para a doença e a decomposição.

O termo auto-regulação, hoje, está bastante presente nos estudos de educação, devido à difusão da teoria de Piaget que o emprega, juntamente com o conceito de equilibração, para explicar o desenvolvimento cognitivo. Sua utilização, no entanto, está vinculada à idéia de um organismo que se inclina a voltar ao estado de repouso[33]. Trata-se de noção tributária da visão mecanicista da física, segundo a qual o universo caminha para a entropia, isto é, as diferenças de potencial diminuem sempre, tendendo a zero, conforme determina a segunda lei da termodinâmica. Essa mesma propensão é então creditada aos seres vivos.

Entretanto, auto-regulação significa homeostase, que é a capacidade de voltar ao equilíbrio conservando a forma original, mas também *Homeorese* – em grego, preservação de um fluxo –, com o sentido de um organismo em desenvolvimento, em modificação auto-determinada[34].

O conceito de auto-regulação, no pensamento reichiano, possui um sentido mais completo. A vida, para Reich, caminha em direção ao crescimento e ao novo. Assim, a auto-regulação não implica apenas a volta ao estado de equilíbrio, mas a possibilidade de um impulso para a mudança. "A diferença entre a vida orgânica e a mola inanimada mecanicamente retesada é que o *ser vivo pode gerar nova tensão por si mesmo*"[35].

Auto-regulação, portanto, significa simultaneamente manutenção e criação.

Reich começa a utilizar este conceito num período em que se encontra envolvido com experimentos de laboratório, onde procura investigar as funções vitais em organismos simples, talvez influenciado

---

32. W. Reich, *The Bion Experiments*: on the origin of life, p. 175.

33. Embora Piaget defina a auto-regulação como mecanismo do desenvolvimento, a idéia de volta ao repouso tem muita força no âmbito do senso comum, e é reforçada pelo próprio sentido da palavra equilibração.

34. L. M. Bellini, *Afetividade e Cognição*: o conceito de auto-regulação como mediador da atividade humana em Wilhelm Reich e Jean Piaget, p. 31.

35. W. Reich, *The Bion Experiments*: on the origin of life, p. 159. Grifado no original.

pelo fato de que, na década de 1930, a auto-regulação torna-se uma constante nas discussões de um grupo de cientistas que discordam da orientação mecanicista e analítica que vinha sendo adotada pela biologia no começo do século xx[36].

Em busca de confirmação para sua hipótese de que a função do orgasmo era fundamental para a compreensão da vida[37], Reich depara-se com a questão da diferença entre o vivo e o não-vivo, e da biogênese. "Não há dúvida de que a vida se distingue do não-vivo, pela origem interna dos impulsos motores"[38]. A auto-regulação aparece, juntamente com o crescimento, a alimentação e a reprodução, entre as características típicas nos processos vivos, regidas pela função orgástica. Reich está justamente em busca das funções comuns a todos os seres vivos, da ameba ao homem[39].

Todo ser vivo é capaz de decisão, em algum nível. Qualquer animal, diante de uma presa que está próxima a um grande perigo, necessita escolher. Avança e recua diversas vezes, atraído pelo alimento e, ao mesmo tempo, temeroso de ser apanhado. Após algum tempo, se atira à caça, arriscando ser pego, ou então desiste e vai buscar comida em outra parte. Embora, em geral, os animais estejam fadados a seguir as ordens imperiosas de seu instinto, reagindo sempre de uma maneira mais ou menos previsível, ainda assim possuem uma margem de opções.

Do ponto de vista reichiano, a liberdade é uma evolução coerente dessa função comum a todos os seres vivos. O homem, no entanto, possui, além da intencionalidade de suas decisões, um grau muito maior de independência em relação aos mandamentos biológicos. Se quiser, nega seus instintos e opta por condutas nem sempre motivadas pela satisfação imediata de suas necessidades; diante dos estímulos da natureza (interna ou externa), escolhe livremente, dentro de certos limites, as ações que sirvam a seus interesses e desejos. A liberdade está, portanto, na base da própria formação da cultura. O homem pode criar algo ainda ausente em seu funcionamento natural, justamente porque não é prisioneiro de seus instintos.

No entanto, como vimos, à essa idéia opõe-se a de incompatibilidade entre instinto e cultura[40]. Neste entendimento, o homem só é capaz de viver em sociedade, e até mesmo de exercer sua faculdade de

---

36. L. M. Bellini, op. cit., p. 23-27. É preciso lembrar, no entanto, que a idéia de autonomia na regulação energético-sexual do organismo já estava presente no pensamento reichiano desde de seus primeiros trabalhos dedicados ao tema da potência orgástica.
37. Ver p. 34.
38. W. Reich, *The Cancer Biopathy*, p. 29.
39. Idem, *The Bion Experiments*, p. 139.
40. Ver p. 11.

eleição, se, por meio da educação e da disciplina, deixar de ser escravo de seus instintos.

Este paradigma, segundo Reich, assenta-se na estrutura do homem encouraçado, que perdeu o contato com suas funções vitais básicas e não compreende o funcionamento natural nas crianças. Não há oposição entre liberdade e natureza desde que o indivíduo esteja funcionando em uma economia energética satisfatória. "Definir liberdade é definir saúde sexual"[41].

"A vida, e com ela o impulso em direção ao prazer, não se desenrola em um ambiente vazio, incondicional, porém sob determinantes naturais e sociais"[42]. A existência humana situa-se em um processo dialético entre o que é dado e o que é criado. O homem não está isento de limites para suas decisões, nem é absolutamente condicionado pelo meio; é livre, não porque seja poupado de coações, mas justamente porque pode decidir diante dessas restrições. A ausência de determinantes não significaria liberdade, mas sim comportamento aleatório. Para que haja escolha é necessário que haja opções.

Nos textos de Freud, *Totem e Tabu* e *O Mal-estar na Civilização*, a regulação moral emerge como indispensável. A renúncia precisa ser imposta ao homem, porque seus desejos não possuem qualquer tipo de ordenação moral ou ética. Reich concorda que toda vida social exige algum tipo de abstinência pulsional. Não seria possível o convívio se cada um precisasse satisfazer todos os seus desejos assim que surgissem. No entanto, há uma grande diferença entre a renúncia exigida de um indivíduo encouraçado, que por sua estrutura rígida possui baixo grau de descarga e pouca satisfação pulsional, e a abstinência auto-imposta por alguém com a economia sexual adequada, sem alto nível de insatisfação, nem grande quantidade de energia por descarregar.

Para Reich, o primeiro vive a privação como um sofrimento extremo, uma frustração insuportável, cujo custo ele nem sempre está disposto a pagar. Muitas vezes, apenas a grave ameaça de punição impede-o de cometer atos que ele mesmo condenaria.

Já o segundo pode perfeitamente abdicar a um prazer momentâneo se julgá-lo inadequado em um determinado contexto e tempo. Ora, este indivíduo não funciona como uma bomba-relógio ambulante, que necessita de algum tipo de descarga a todo o instante, podendo postergar sua satisfação, por estar ciente de que é capaz de saciar seus desejos quando for mais conveniente[43].

> Assim, há *dois* tipos de "moralidade", mas apenas *um* tipo de auto-regulação moral. Aquela "moralidade" que todos afirmam ser auto-evidente (não violentar, não matar etc.) pode ser estabelecida apenas se as necessidades naturais forem totalmente

---

41. W. Reich, *Psicologia de Massas do Fascismo*, p. 325.
42. Idem, *A Função do Orgasmo*, p. 191.
43. Idem, p. 159.

gratificadas. Mas a outra "moralidade" que nós rejeitamos (abstinência para crianças e adolescentes, absoluta e eterna fidelidade marital, casamento compulsório etc.) é em si mesma patológica e causa o próprio caos que se sente requisitada a controlar. É essa moralidade a que nós nos opomos inexoravelmente[44].

O homem encouraçado precisa da pena de morte como ameaça (e satisfação pulsional indireta) para que ele mesmo evite matar. Carece de um código moral que o impeça de roubar, enganar, trair, trapacear ou cobiçar a mulher do próximo, pois a renúncia a esses desejos resultantes da perversão de suas funções vitais mais profundas lhe é custosa. Já o indivíduo auto-regulado não possui uma pressão interna por prazer irrefreável, podendo, por isso, conter-se à espera de momentos e modos mais adequados de satisfação. "Expresso de uma maneira mais simples, o que isto tudo quer dizer é que o homem cujas necessidades sexuais, assim como biológicas e culturais primitivas, estão satisfeitas não precisa de nenhuma moralidade para manter o autocontrole"[45].

A pessoa insatisfeita não vislumbra uma vida em sociedade que se assente na auto-regulação e na abstinência auto-imposta, "não pode imaginar uma vida ordeira sem leis compulsórias rígidas contra o estupro e o assassinato sexual"[46]. Não aceita a crença na propensão do ser humano para a vida em sociedade por mais que se diga que o homem é um ser social por natureza.

Reich não encara esta contradição como mera incoerência, mas procura os fundamentos racionais que estão por trás dela. Sob o seu ponto de vista, o portador do encouraçamento está coberto de razão. Apenas em um novo paradigma, situado em uma nova realidade estrutural do indivíduo, é possível pensar o autogoverno e a liberdade como princípios norteadores do viver social humano.

Quanto à necessidade ou não de disciplinar a criança, o que se questiona é se a natureza humana é boa ou má.

Reich procura enfocar o problema sob outro ponto de vista.

Todas as discussões sobre a questão de saber se o homem é bom ou mau, se é um ser social ou anti-social, são passatempos filosóficos. Se o homem é um ser anti-social ou uma massa de protoplasma reagindo de um modo peculiar e irracional depende de que as suas necessidades biológicas básicas estejam em harmonia ou desacordo com as instituições que ele criou para si[47].

O homem de hoje, inserido neste contexto cultural específico, educado em ambiente autoritário, com sua estrutura rígida e limitada, não

---

44. W. Reich, *The Sexual Revolution*: toward a self-regulating character structure, p. 28. Grifado no original.
45. Idem, *Character Analysis*, p. 185.
46. Idem, *Ether, God and Devil & Cosmic Superimposition*, p. 73.
47. Idem, *A Função do Orgasmo*, p. 201.

está em condições de decidir realmente o que é bom ou mau. Assim, apóia suas convicções em uma instância superior que lhe dita o padrão moral, afastando-se, desta maneira, do âmbito da razão e ingressando no território do misticismo.

Para Reich, o universo é harmônico em todos os níveis. Por que seria o homem uma aberração? O mais razoável é que participe de forma integrada na natureza[48]. O funcionamento natural, portanto, é o melhor guia para as escolhas de seu modo de vida. Quanto mais próximo estiver de suas funções inatas, mais capacidade terá de valorar cada situação e de atuar livremente.

Entretanto, a afirmação de Reich de que a autonomia e a verdadeira liberdade não devem ser construídas sobre o alicerce da adaptação cultural, mas sobre as funções naturais do homem, não deve ser interpretada como uma adesão a um conceito individualista de liberdade.

Reich acredita que o homem é naturalmente um ser gregário. "Faz parte das atitudes naturais o ser espontaneamente social"[49]. Portanto, suas escolhas e opções necessariamente envolvem sua convivência com o outro.

A liberdade, em Reich, é uma noção carregada de responsabilidade social e do sentido de solidariedade, cujo cerne é o sentimento de amor genuíno, possível apenas no indivíduo saudável, auto-regulado.

[A Vida] não gosta de caminhar sozinha [...] o que não lhe pode faltar é o companheirismo, a camaradagem, a amizade, a familiaridade, a intimidade, o encorajamento de uma alma compreensiva, a possibilidade de se comunicar com alguém e de abrir o coração[50].

É preciso lembrar o papel de destaque que tem o amor na teoria reichiana. Desde os primórdios de seu trabalho, quando inicia a discussão da potência orgástica e da saúde genital como parâmetros do bom funcionamento humano, o amor aparece como ingrediente essencial de uma vida mais plena e justa. "O amor abrange *toda* espécie de amor: amor de seus pais, o amor entre um homem e uma mulher, o amor de seu vizinho e de seu inimigo, da criança e dos cervos, o amor de Deus e o amor do mundo inteiro"[51].

Quando se examina o relacionamento social como um jogo de poder no campo da política, infere-se que a convivência entre homens só pode ser baseada na organização controladora que impeça cada indivíduo de abusar do direito do outro. Mas, para Reich, pessoas em contato com suas funções naturais são afeitas à troca e às privações baseadas no amor e não em leis externas compulsórias.

48. Idem, *Ether, God and Devil & Cosmic Superimposition*, p. 286.
49. Idem, *A Função do Orgasmo*, p. 162.
50. Idem, *O Assassinato de Cristo*, p. 84.
51. Idem, p. 129. Grifado no original.

Embora, em seus últimos anos de vida, Reich tenha se afastado de toda participação política, sua atuação mantém um sentido de intervenção na comunidade humana. Não vê sentido no indivíduo solitário, fechado em seus domínios, aproveitando sua independência. A humanidade deve emancipar-se como um todo, ou jamais irá alcançar a liberdade.

Sua proposta de democracia do trabalho sustenta-se no convívio alicerçado no interesse do bem comum, que só será viável se a educação tiver o sentido de preservar a capacidade de amar no educando. Baseia-se nas interações humanas mediadas pelas "funções naturais do processo de trabalho" que "são inteiramente independentes de qualquer tipo de arbitrariedade autoritária e mecanicista. Funcionam livremente e são livres no sentido mais rigoroso da palavra"[52].

O intercâmbio social não pode ser fundamentado na liberdade que termina onde começa a do outro. A noção de espaços estanques, separados e respeitados reciprocamente, é típica da estrutura da couraça rígida, que percebe a si mesma e ao mundo divididos em partes, e impede qualquer contato mais direto entre os indivíduos[53].

Ora, para Reich, o homem é um animal social, que necessita do outro para se completar e se satisfazer. Não existe descarga orgástica plena na solidão. Portanto, a liberdade só se realiza na inter-relação, alimentada pelo impulso amoroso.

Isto não quer dizer obviamente que não haverá conflitos. Estes fazem parte da convivência. Em Reich, liberdade é interação, que permite e exige que cada um invada o espaço do outro, na construção de um espaço comum. É o resultado da troca entre seres vivos, em relação dialética de diferenças e pontos em comum, e do compromisso com a comunidade. *"O sentimento de responsabilidade em cada cidadão do mundo por tudo o que está acontecendo, mesmo em cantos longínquos do globo"*[54].

Esta interação pressupõe escolhas individuais e coletivas. A verdadeira liberdade do homem desencouraçado dá margem ao surgimento da ética, enquanto valoração e eleição de um bem comum.

No mundo do homem encouraçado não existe opções. As preferências já estão estabelecidas de antemão pela própria couraça. "O ego do caráter neurótico está completamente à mercê de seus mecanismos inconscientes recalcados. Ele não pode agir de forma diferente mesmo se o quiser"[55].

O sentimento ético surge exatamente do contato do homem com suas funções naturais. Reich encontrou esta noção íntima em todos os

---

52. Idem, *Psicologia de Massas do Fascismo*, p. 331.
53. Idem, *Ether, God and Devil & Cosmic Superimposition*, p. 116-119.
54. Idem, *O Assassinato de Cristo*, p. 296. Grifado no original.
55. Idem, *Character Analysis*, p. 183.

pacientes que retomaram seu funcionamento saudável. Essas pessoas, ao contrário do que se poderia supor, não se tornavam escravas de pulsões incabíveis em uma vida social. Embora cada uma recuperasse sua própria individualidade, desejos, gostos e opiniões, demonstravam também alguns comportamentos comuns. O sentimento moral, que surge aliado ao contato profundo com as funções vitais, manifesta uma ética da vida, da sociabilidade, do amor, da curiosidade e do trabalho[56].

O sentimento ético natural não resulta em uma moral comum e obrigatória a todos. Cada ser humano, como indivíduo, tem uma visão própria do mundo e, portanto, uma ética pessoal. Bem como a liberdade de agir de acordo com seu arbítrio, desde que tenha contato genuíno com seus sentimentos.

> Há somente *uma* regra comum válida para encontrar a verdade específica válida para ti. Qual seja: aprender a ouvir pacientemente em ti mesmo, dar a ti mesmo uma chance de encontrar teu próprio caminho, que é teu e de ninguém mais. Isto não leva ao caos e ao anarquismo selvagem, mas, em última instância, ao reino onde a verdade comum a todos está enraizada. Os caminhos de acesso à verdade são múltiplos e nenhum é igual ao outro. A fonte de onde a seiva da verdade está fluindo é comum a todos os seres vivos, muito além do animal homem. Isto tem que ser assim, porque toda verdade é uma função da Vida viva, e a Vida viva é basicamente a mesma em tudo que se move por meio da pulsação[57].

Neste quadro, a ética humana baseia-se no reconhecimento mútuo, tanto naquilo que temos em comum como na diversidade. Emerge do próprio intercâmbio social, a partir de pulsões naturais que levam a esta convivência.

A liberdade pressupõe ainda, na visão reichiana, a habilidade de perceber e compreender cada situação, além de prever resultados para as várias opções de ação. Isto é, em seu desenvolvimento desde a auto-regulação simples do protoplasma, esta função se especializa e se destaca no homem ao juntar-se à autopercepção e à consciência. A escolha humana leva em consideração a representação simbólica das conseqüências de cada ato, portanto está imbuída de intencionalidade.

Também neste ponto, é evidente o pareamento da liberdade com a função vital saudável. "A pessoa encouraçada percebe a si mesma e ao mundo como fenômenos complexos porque não tem contato imediato, nenhuma relação direta com o mundo à sua volta"[58]. Ao mesmo tempo em que tem suas ações e pensamentos tolhidos pela rigidez, sofre uma diminuição na capacidade de perceber a realidade, já que a couraça

---

56. Idem, *A Função do Orgasmo*, p. 157.
57. Idem, *O Assassinato de Cristo*, p. 245.
58. Idem, *Ether, God and Devil & Cosmic Superimposition*, p. 72.

funciona como um filtro. Nestas condições, suas escolhas são feitas no escuro, sente-se insegura e reclama orientação externa.

Por seu lado, o homem cujo funcionamento vital foi preservado conhece seus sentimentos e vê o mundo de maneira direta. É, portanto, presa mais difícil para a manipulação ideológica. "Uma criança, cuja motilidade é livre e desembaraçada, raramente, ou nunca, é suscetível à doutrinação e ao estilo de vida reacionário. Enquanto a tímida, inibida em sua atividade motora, está sujeita a toda degeneração ideológica"[59].

Essas considerações demonstram a forte conexão que se forma, no pensamento reichiano, entre o tema da liberdade e o da educação, de maneira que uma e outra se tornam praticamente indissociáveis no projeto de mudança social e cultural para o futuro.

EDUCAÇÃO E LIBERDADE

No pensamento reichiano, a liberdade torna-se valor central da educação tanto em seus objetivos como em seus métodos.

Primordialmente, a educação deve ser *para* a liberdade, isto é, deve ser uma forma de contribuir para a mudança que se faz urgente em nossa sociedade. Isso significa que o homem necessita abandonar o sistema patriarcal repressor que vem adotando há milhares de anos e buscar um modelo mais compatível com as suas funções vitais.

É essencial que se tenha clareza das dificuldades presentes na passagem do autoritarismo para a autonomia, assim como do papel dos educadores nessa transição. Torna-se indispensável conhecer os processos que geram o clamor por autoridade, em nossa cultura.

> A função de auto-regulação não é mais o dilema. O maior problema agora é – e continuará sendo por um longo período – como salvaguardar o crescimento natural de crianças, como protegê-lo contra um tipo de opinião pública que brota do animal encouraçado, rígido, sem vida, amedrontado, sem esperança, o *Homo normalis*[60].

O fato de o homem encouraçado ser incapaz de vislumbrar o funcionamento auto-regulado como fundamento para a vida social e para a cultura assoma como enorme barreira à mudança.

Reich revela a contradição no projeto educacional moderno que advoga a domesticação do animal existente na criança para a formação do homem livre, cidadão autônomo. Critica a educação que visa uma segunda natureza, eliminando o que é inato, e cujo objetivo é adaptar o homem à sociedade por meio do controle disciplinar do corpo, meio

---

59. Idem, *The Sexual Revolution*: toward a self-regulating character structure, p. 252.
60. Idem, *Ether, God and Devil & Cosmic Superimposition*, p. 128.

utilizado pela civilização do encouraçamento para obter a docilidade e a subserviência. Esta pseudoliberdade baseada na coerção é que impede a humanidade de recuperar a verdadeira independência. A repetição da estrutura encouraçada de geração a geração, produzida pela educação autoritária, é o principal empecilho à saída do homem de sua prisão.

O encouraçamento patológico e a peste emocional, que remontam ao surgimento da sociedade patriarcal, são as funções que bloqueiam o contato e o acesso do ser humano à sua natureza positiva. O pouco contato que lhe é possível para além da superfície do encouraçamento se estabelece com a camada secundária do sadismo e das pulsões anti-sociais. Diante disso, não se pode abrir mão da moralidade rígida, sob pena de se instaurar o caos. Constrói-se uma visão pessimista de homem, uma concepção que se perde nos tempos e que chega aos dias de hoje por meio da tradição judaico-cristã, e dos ideais de disciplina e ordem como metas educacionais desenvolvidas pela filosofia na modernidade. No século XX, a psicanálise, com suas hipóteses da pulsão de morte e do conflito inevitável, surge como representante científica deste paradigma, segundo o qual a natureza humana é má e precisa ser educada – leia-se, domesticada – para que possa viver em sociedade.

Por outro lado, do ponto de vista rousseauniano, o homem é essencialmente bom; a sociedade é que o corrompe. Embora mais próxima da leitura reichiana do funcionamento do homem, esta corrente também pressupõe uma oposição básica entre o funcionamento social e o natural. Em Reich, o conflito existe apenas nesta civilização, tal como ela é. Em outra realidade cultural, natureza e sociedade poderiam se harmonizar.

Reich avizinha-se também das idéias de Rousseau na admiração que demonstra pelo funcionamento saudável dos selvagens, especialmente aqueles que se encontram sob o regime matriarcal, como os trobriandeses descritos por Malinóvski. Porém, não se pode acusar o pensamento reichiano de saudosista ou primitivista.

> Não há espaço aqui para romantismo barato. Ele precisa ser substituído pela luta em favor de uma organização humana dentro de um padrão tecnológico mais alto, e de uma estrutura que nunca se permita esquecer o processo de humanização. Esta nova ordem corrigirá o desenvolvimento errôneo de muitos milhares de anos e permitir-nos-á observar o quadro de um colonizador luxurioso, obeso e brutal, ele mesmo uma vítima de nossa cultura vergonhosa, que é um verdadeiro pesadelo[61].

A proposta reichiana de educação para a liberdade não tem o sentido de volta ao paraíso perdido ou de retorno ao primitivismo. Ao contrário, demonstra clareza crítica em relação a todas as teses

---

61. Idem, *People in Trouble*, p. 130.

simplificadoras do tema da repressão em nossa sociedade e da pureza do homem selvagem.

Reich preocupa-se com a ponte entre a humanidade que vive aprisionada e as crianças do futuro. Esta transição tem por objetivo final uma sociedade mais livre e justa, sem esquecer que, neste momento, a retirada total das forças de contenção levaria ao caos. Deve fundamentar-se, portanto, na distinção entre pulsões primárias (para a vida) e secundárias (anti-sociais), com o sentido de favorecer as primeiras e limitar as últimas. A mudança precisa ocorrer de forma gradual e cuidadosa para que as forças da peste emocional não destruam os esforços emancipadores e, numa onda de reação, deflagrem um quadro mais negro ainda do que o atual. A educação é o palco em que esta passagem pode acontecer.

Toda a esperança de uma libertação do homem por meio da educação reside no fato de que as funções vitais básicas do homem dirigem-se para o amor, a socialização, o crescimento, a criação e o conhecimento.

Portanto, o movimento civilizador não é alimentado pela sublimação das pulsões sexuais; ocorre exatamente o oposto. Para Reich, todas as grandes conquistas do homem aconteceram porque a força da vida tem o condão de escapar à disciplina rígida e se manifestar nos mais diversos campos da existência social, especialmente por meio dos gênios que, na história, conseguiram manter o contato profundo com suas funções vitais[62].

A educação coercitiva torna-se obstáculo, e não fundamento, para a civilização.

A crítica reichiana à civilização da couraça desenvolve-se em momento histórico significativo, durante o surgimento do nazismo, o crescimento da ditadura stalinista, o desenrolar da Segunda Grande Guerra, e nos anos do pós-guerra, com o advento da Guerra Fria, sob o clima de tensão provocado pela corrida atômica. Neste contexto, Reich julga propício acusar a incompetência do homem encouraçado para criar um mundo melhor para as crianças do futuro.

A educação para a liberdade, portanto, justifica-se também pelo direito das novas gerações de escolher seu próprio destino.

Reich ressalta as limitações, como educador, do homem atual, a quem falta lucidez para decidir, em nome de seus educandos, sobre aquilo que aprenderão com ele. "Não devemos ser os arquitetos deste futuro; não temos o direito de dizer às nossas crianças como construir o seu futuro, já que nos mostramos incapazes de construir o nosso próprio presente"[63].

---

62. Idem, *Ether, God and Devil & Cosmic Superimposition*, p. 294-295.
63. Idem, *Children of the Future*: on prevention of sexual pathology, p. 6.

É um direito das gerações futuras escolher o que aproveitarão ou não da experiência desta civilização e desenvolver uma relação própria com a herança cultural, não mais como receptores passivos, mas como sujeitos ativos.

A proposição educacional que prega a autonomia não pode pretender ditar o futuro de seus pupilos. Trata-se de um exercício de humildade dos educadores, que devem não só reconhecer suas dificuldades como aprender alguma coisa com a observação do funcionamento vivo nas crianças; uma dose de autocrítica, que lhes permita ao menos duvidar da validade universal de seus padrões. É preciso que tenham em mente que muitos de seus valores lhes foram incutidos de forma arraigada por sua própria educação, sob condições não favoráveis à manutenção das funções vitais.

A exigência de prioridades e de conhecimentos básicos a todos não encontra nenhum fundamento. Todo ser humano está apto a decidir e a buscar o que lhe é importante e satisfatório. O educando, portanto, escolherá por si mesmo o que irá aprender, obviamente influenciado pelo meio em que interage.

O educador deve despir-se de pretensões a juiz do conhecimento. O que hoje é considerado saber imprescindível, amanhã poderá ser desprezado, e conteúdos atualmente desdenhados podem tornar-se importantes no futuro. Isto é conseqüência do desenvolvimento humano, independentemente do esforço de alguns grupos de impor suas idéias. A história é o fluxo da vida, o que implica mudança. A concepção de um progresso constante, em que a informação apenas se soma e se especializa, não se sustenta, porquanto a cada época uma nova visão de mundo é concebida.

A autonomia do educando só é viável dentro de uma proposta mais ampla de educação pela auto-regulação, que preserve nas novas gerações não só a sua capacidade de escolha, mas também a sua curiosidade natural. Uma vez destruída esta função, qualquer tentativa de não-diretividade resultará em inércia, rebeldia e vandalismo, favorecendo à educação autoritária argumentos fundados na situação que ela mesma gerou.

Não quer dizer, contudo, que os educadores abdiquem de suas responsabilidades, nem de suas opiniões pessoais. A crítica de Reich à civilização mecânico-mística não o leva à atitude niilista, nem ao desprezo do saber acumulado. Tal postura não teria sentido no homem que dedicou seus esforços à ciência. A história de luta por suas idéias demonstra seu comprometimento com o futuro assentado sobre o trabalho e o conhecimento. Também a sua atuação – seja como formador de profissionais da saúde no âmbito da psicanálise e na orgonomia, seja como coordenador de grupos de orientação sexual e de educação – não deixa dúvidas quanto ao papel ativo que reserva ao educador.

Entretanto, o professor não tem uma ascendência natural sobre o aluno. A única autoridade reconhecida por Reich é a do trabalho produtivo e do conhecimento efetivo. O ensino deve ocorrer em bases igualitárias, de forma que o aprendiz não sinta a atividade docente como imposição, mas como cooperação. Isto só é possível, claro, fora dos parâmetros do autoritarismo.

A meta mais importante na proposta reichiana é a preservação da autonomia do educando, isto é, da confiança em suas próprias percepções e interpretações. Nessas condições, as convicções do adulto não mais se apresentarão para o infante como versão oficial, ou verdades inquestionáveis, mas sim como aquilo que de fato são: pontos de vista a serem considerados. Será possível, então, estabelecer um diálogo verdadeiro de valores e idéias entre educador e educando, sem que isto lhe cerceie a capacidade de escolha.

Já a criança treinada para adaptar-se à nossa cultura desenvolve bloqueios, perde contato com suas funções vitais básicas e torna-se um indivíduo carente de aprovação externa para seus atos e opiniões. Então, já não se pode mais falar nem em autonomia, nem em independência de idéias, muito menos em troca paritária entre adultos e jovens.

O ideal da educação para a liberdade só evolui em uma relação de confiança, na certeza de que o sujeito verdadeiramente livre e autônomo escolherá melhor. A liberdade não pode ser limitada por receios de que o homem se mostrará incapaz para a vida. "Nós devemos confiar nas raízes naturais de nossos bebês e assentarmos sobre elas o futuro da cultura e da civilização"[64].

Uma vez constatada a necessidade de uma educação *para* a liberdade, resta saber como este objetivo maior será alcançado. Esta questão, no entanto, precisa deixar a esfera do debate metafísico e aproximar-se dos problemas do dia-a-dia de pais e educadores. A discussão puramente intelectual da auto-regulação na criança pode tornar-se mais uma forma de evasão.

Reich não sugere um modelo fixo de pedagogia da liberdade. Toda sistematização deste tipo tende à imobilidade e, portanto, desfavorece o fluxo da vida. Reich não quer que seu pensamento seja aprisionado pelas forças da inércia, do estático e do absoluto[65]. Prefere estabelecer alguns princípios básicos a serem preservados nas propostas de educação que visem a liberdade.

> O educador do futuro fará sistematicamente (e não mecanicamente) o que todo educador bom e autêntico já faz hoje: *sentirá* as qualidades da Vida viva em cada criança, *reconhecerá* suas qualidades específicas e *fará tudo* para que elas possam desenvolver-se plenamente[66].

---

64. Idem, p. 67.
65. Idem, *Ether, God and Devil & Cosmic Superimposition*, p. 43-44.
66. Idem, *O Assassinato de Cristo*, p. 11. Grifado no original.

Entre esses princípios figura o de *não restringir a motilidade vegetativa* da criança, segundo o qual todos os procedimentos que a impedem de se mover interna e externamente são evitados. Em seu lugar, procuram-se soluções que propiciem um desenvolvimento vivo, calcado no próprio ritmo da criança. "A vivacidade do recém-nascido necessita vivacidade no seu ambiente"[67]. Deve-se favorecer à criança um ambiente alegre e variado, em que possa se relacionar com olhos vivos. Suas manifestações emocionais precisam ser aceitas. Tudo isso requer a capacidade do educador para suportar as manifestações de vida do educando; caso contrário, os mecanismos da peste emocional interferirão em sua atitude.

A motilidade vegetativa se expressa especialmente nas emoções e na habilidade de perceber as próprias sensações e afetos. Em seu *The Bioelectrical Investigation of Sexuality and Anxiety* (Investigação Bioelétrica sobre a Sexualidade e a Angústia), Reich comprova que indivíduos com maior flexibilidade emocional conseguem prever, por meio de suas sensações internas, as intensas alterações eletromagnéticas detectadas em sua pele, enquanto os rígidos apresentam baixa reação e são incapazes de descrevê-las[68]. Reich demonstra também a relação direta entre o encouraçamento, com a respectiva perda da motilidade vegetativa, e a diminuição da capacidade de contato consigo mesmo.

Para que o educando mantenha a autopercepção acurada, não deve ser tolhido em sua expressão emocional de forma desnecessária. É certo que crianças assim criadas não serão ordeiras, calmas e silenciosas, como gostariam muitos adultos. São por natureza ruidosas, vivas, agitadas. "Barulho é um fenômeno natural à infância, e a escola de carteiras, suprimindo-o, está trabalhando diretamente contra a natureza da criança"[69]. As escolas que desenvolvem um trabalho dirigido para a liberdade do educando são coerentemente barulhentas. Quem não quer estar próximo da agitação provocada pela vida, não deveria se envolver com a educação.

Qualquer educação em prol da autonomia deve também *favorecer a atividade motora*, de forma que a criança desenvolva, na prática, suas experiências. "A questão do manejo da atividade motora da criança leva-nos ao foco dos problemas pedagógicos. De um modo geral, é tarefa do movimento revolucionário liberar as pulsões biológicas do homem, recalcadas e aprisionadas, satisfazendo-as"[70].

67. Idem, *Children of the Future*: on prevention of sexual pathology, p. 123.
68. Idem, *A Função do Orgasmo*, p. 308.
69. A. Neill, *Liberdade na Escola*, p. 171.
70. W. Reich, *The Sexual Revolution*: toward a self-regulating character structure, p. 252.

Deve-se permitir à criança o exercício da atividade física de forma não dirigida, nem organizada externamente. Costumes como enrolar bebês com panos, a fim de impedir sua mobilidade, prender suas mãos para que não toquem os genitais, e quaisquer procedimentos que diminuam sua possibilidade de se mover são desaprovados[71]. Também é indesejável a educação dos bons costumes, que exige que a criança permaneça quieta em posições rígidas à mesa, não faça bagunça ou barulho, domine seu corpo, e sempre se dirija ao adulto com atitude submissa, negando-lhe assim a satisfação de seus impulsos naturais[72].

Nas escolas tradicionais, os estudantes permanecem, às vezes, por horas sentados em carteiras, sem possibilidade de se levantar e atender a seu ímpeto para o movimento. Nos momentos reservados à prática física, são recrutados para exercícios mecânicos ou jogos organizados. O desenvolvimento para a liberdade pressupõe amplo espaço para o brincar e a atividade não organizada. As crianças deveriam poder correr à vontade, subir em árvores, inventar suas próprias brincadeiras, da forma mais independente possível, sem monitoramento ou interferência de adultos.

A educação deve, antes de tudo, *visar o prazer*. Ao planejar e avaliar as condutas e procedimentos adotados, a presença da satisfação será o guia para assegurar a permanência do funcionamento vital no educando (e, também, no educador). Isto não significa, é claro, que inexistirá o desprazer. O contentamento também pode ser alcançado por meio de atividades que geram angústia antes de sua resolução.

É verdade que situações desagradáveis são inevitáveis, porém a atividade baseada no dever moral, na compulsão, na obrigação e na falta de interesse genuíno é o caminho certo para a construção do encouraçamento, já que este é constituído na defesa ao desprazer e à angústia[73]. O envolvimento prazeroso do educador e do educando é a medida mais eficaz para que se assegure o acerto da proposta de formação que vise à manutenção da flexibilidade.

É preciso, no entanto, reconhecer a diferença entre a utilização do prazer, como referencial pedagógico, e a busca de deleite puro e simples, como um fim em si mesmo. O que se procura não é o gozo momentâneo, mas a satisfação duradoura presente na atividade engajada que segue o ritmo das necessidades naturais, em um ambiente favorável à vida. A volúpia consumista e a licenciosidade, proporcionadas por pais que tentam contrabalançar o sentimento de culpa por não dar a devida atenção a seus filhos, não se encaixam nesta definição, pois sua característica principal é a insatisfação. Essas crianças, apesar dos

---

71. Idem, *Children of the Future*: on prevention of sexual pathology, p. 136.
72. Idem, *A Função do Orgasmo*, p. 297.
73. Idem, p. 159.

incessantes agrados, nunca se contentam, já que essas compensações não lhes restituem o bom funcionamento da economia energética.

Todo projeto educacional deve, por tudo isso, adaptar-se às *necessidades da criança* e não a princípios filosóficos, ou morais de qualquer tipo.

A apregoada civilidade futura não justifica a disciplina enfadonha, nem o sacrifício da criança. A auto-regulação das funções vitais, dos desejos e das carências, em todos os momentos da vida humana, são as garantias de crescimento afirmativo à vida. "O reconhecimento do infante como ser vivo, em vez de futuro cidadão, eliminaria todas as complicações de um só golpe, uma vez que as instituições estariam preocupadas com as necessidades vitais da criança"[74].

A felicidade da criança no presente é o que mais importa e os educadores dever-lhe-iam dispensar maior atenção do que aos objetivos educacionais direcionados para o porvir. A satisfação e o bem-estar de hoje são indicadores mais seguros de um futuro promissor do que qualquer fantasia especulativa, que muitas vezes reflete apenas os desejos inconscientes dos adultos.

Reich, após examinar a tendência de diversas comunidades religiosas e políticas de tentar adaptar os infantes aos princípios morais e filosóficos de seu grupo, afirma: "Nós queremos que eles sejam eles mesmos"[75].

> Nossa tarefa é proteger esse processo contra a peste maligna, salvaguardar seu crescimento, aprender a tempo o que distingue uma criança que cresceu como a Vida prescrevia, de uma criança que cresceu como prescrevia o interesse desta ou daquela Cultura ou Estado ou Religião ou Costume ou idéia estrábica da Vida[76].

Este princípio foi expresso em algumas recomendações simples e aparentemente óbvias que, no entanto, não são práticas habituais no cotidiano. Reich sugere que o bebê, após o nascimento, seja mantido junto à mãe para que possa contar com seu calor e carinho, além de ser amamentado. Propõe também que o ambiente em que a criança cresce, assim como sua rotina, leve em conta seu ímpeto à ação e à liberdade. O enfeite de cristal no centro da sala é caminho certo para que seja preciso controlá-la devido ao risco de que ela o quebre. A presença de muitos objetos perigosos ou quebráveis sempre dificultará a tarefa da educação mais livre. No geral, nenhuma atividade deve ser exigida, a não ser que exerça um papel realmente importante no desenvolvimento das funções vitais da criança.

No âmbito escolar, toda a estrutura precisa se acomodar às necessidades do aluno e não àquelas da instituição e dos educadores. A escola deve ser um espaço da vida e para a vida, um local onde o

---

74. Idem, *Ether, God and Devil & Cosmic Superimposition*, p. 57.
75. Idem, *Children of the Future*: on prevention of sexual pathology, p. 14.
76. Idem, *O Assassinato de Cristo*, p. 307-308.

educando possa dar vazão a seus impulsos. O ambiente deve favorecer a atividade motora, a flexibilidade e a criação e, ao mesmo tempo, permitir ao educando expandir sua curiosidade e sua atividade produtora. Toda a rotina deve ser planejada de forma a atender às solicitações básicas do desenvolvimento infantil. Não é a criança que deve se adaptar à escola, mas esta a ela.

Finalmente, o princípio fundamental da proposta reichiana de educação é o da *preservação da auto-regulação biológica* no bebê, na criança e no adolescente, como garantia da manutenção das condições essenciais para o desenvolvimento da liberdade no homem.

A *educação para a liberdade* precisa também ser uma *educação pela liberdade*. Esta, como uma expressão da auto-regulação biológica e da função criativa da vida, é imprescindível para o funcionamento saudável.

> Considerando que a auto-regulação é inerente à estrutura natural do recém-nascido, Reich ressalta que enquanto as crianças deveriam ter um desenvolvimento natural, nós deveríamos deixá-las viver conforme a sua natureza, se preciso, mudando as instituições que impossibilitam o acesso à sua "moralidade natural" e provocam encouraçamentos que comprometem a sua auto-regulação[77].

O primeiro a utilizar o termo auto-regulação no contexto da educação e da economia sexual foi um colaborador de Reich, Tage Philipson, que discute o tema no artigo intitulado "Sex-economic 'Upbringing'" (Educação Econômico-sexual), publicado no final dos anos de 1930 na Europa e traduzido para o inglês no começo da outra década para a revista de Reich, nos Estados Unidos. Philipson preconiza que o bebê e a criança regulem tanto quanto possível suas atividades comuns do dia-a-dia, desde a alimentação até as brincadeiras. Para ele, é importante que satisfaçam ao máximo suas carências instintivas primárias para evitar que desenvolvam pulsões secundárias. A função principal da educação seria, portanto, preservar-lhes a autodeterminação que está presente desde seu nascimento, tornando a tarefa de adaptação à realidade o menos desagradável possível. O prazer de movimentar-se, conhecer o mundo e relacionar-se afetivamente deve ser protegido, para que não se transforme em frustração e angústia.

Reich e seus discípulos orientam mulheres grávidas a manter uma boa economia sexual, de forma a proporcionar a seus filhos um ambiente (o útero) vivo e pulsante, uma vez que o feto desenvolvido em útero frio e espasmódico já trará consigo prejuízos em sua motilidade reguladora. Discutem também os procedimentos de parto, e de trato com o educando desde os primeiros dias, preocupando-se com todas as atitudes que podem ou não favorecer a manutenção da auto-regulação:

---

77. S. Q. Matthiesen, *A Educação em Wilhelm Reich*: da psicanálise à pedagogia econômico-sexual, p. 163.

pregam a liberdade para que o bebê estabeleça o horário, a freqüência e a quantidade de suas mamadas; sugerem que as crianças determinem o ritmo e a duração de seu sono; que descubram seus interesses e definam como, quando e o que farão; criticam o treinamento de banheiro precoce; e recomendam o estabelecimento de condições para que os jovens possam ter uma vida sexual adequada[78].

As indicações gerais ou particulares discutidas por Reich e seus seguidores reforçam a noção de que a liberdade precisa ser vivenciada na própria educação, para que se desenvolva da simples auto-regulação do recém-nascido à capacidade de escolha madura e independente no ambiente das relações sociais. O princípio básico é que a criança regule suas funções vitais da forma mais autônoma possível.

Ao contrário do que poderia supor um crítico superficial – e muitos fizeram esta ressalva às propostas reichianas –, não se está sugerindo que os educandos façam o que quiserem, sem limites e responsabilidades. A liberdade, como já foi dito[79], é uma função que pressupõe a interação social e o compromisso. Longe de negar a possibilidade de qualquer coação à criança, Reich propõe que, com suas funções vitais básicas razoavelmente satisfeitas, ela é capaz de adotar regras básicas de convivência, decididas em comum com as pessoas de sua comunidade. Assim, liberdade nunca é confundida com licenciosidade. Reich, no entanto, deixa claro que esta diferenciação não pode ficar a cargo do homem encouraçado, que interpreta qualquer satisfação pulsional como transgressão às leis morais que sustentam a civilização. Esta distinção só pode ser feita por pessoas que possuam um funcionamento vital adequado. "A auto-regulação na educação de crianças recém-nascidas não funcionará em mãos que não souberem o que é uma decisão ou ação *espontânea*"[80]. Ao educador cabe examinar os limites de seu próprio encouraçamento, ao mesmo tempo em que deve assimilar os princípios básicos do funcionamento auto-regulado, apreendendo-os tanto de forma teórica como pessoalmente.

A auto-regulação manifesta-se – e deve ser preservada – especialmente nas atividades que se relacionam diretamente com a economia energética do organismo. É evidente que nem sempre as condições concretas permitirão a autodeterminação por parte da criança. O ambiente não estará sempre completamente adaptado ao seu ritmo. O importante é que as privações não a obriguem ao encouraçamento. Se a economia energética for mantida em regulação satisfatória, as eventuais frustrações farão parte de seu aprendizado e amadurecimento. Saber o que é inevitável impor ao infante é tarefa das mais complicadas, que exige do educador uma boa dose de contato consigo mesmo e com a realidade.

---

78. W. Reich, *Children of the Future*: on prevention of sexual pathology, p. 10-12.
79. Ver p. 71.
80. W. Reich, *O Assassinato de Cristo*, p. 263. Grifado no original.

Por exemplo, todo ser vivo é capaz de regular a própria alimentação, mas o homem interfere no comportamento de seus bebês, impondo-lhes horário, quantidade e qualidade, o que termina por destruir seu contato interno. Mais tarde, esses indivíduos precisarão de orientação externa que lhes indique o que devem ou não comer. Enquanto os problemas com o péssimo padrão de nutrição, a obesidade e a anorexia aumentam, os adultos continuam a julgar-se credenciados a determinar como a criança deve se alimentar.

A função-chave para a manutenção do funcionamento vital é a orgástica, que deve estar presente em todo o processo de formação humana. Ao educando é preciso dar condições para exercer sua sexualidade da forma mais livre possível, desde a primeira infância. A amamentação, nos primeiros anos de vida, é a função básica de regulação orgástica da criança. O seu caráter nutritivo pode ser substituído (mamadeira, comida), mas a função afetivo-sexual não. A masturbação infantil e os jogos sexuais entre crianças precisam ser vistos não mais como mácula ou contaminação, mas como parte indispensável do crescimento saudável, aprendizado e vivência essenciais ao bom desenvolvimento da sexualidade adulta.

A presença da função orgástica também precisa ser observada em todas as áreas, mesmo que não relacionadas diretamente com a sexualidade. A característica da vida é funcionar no ritmo de quatro tempos definido pela fórmula do orgasmo[81]. Esta seqüência inicia-se com a tensão mecânica seguida pela carga energética e completa-se com a descarga energética seguida pelo relaxamento mecânico. Todas as atividades humanas, inclusive aquelas presentes na educação, devem ser regidas por esta seqüência de eventos[82].

A constante falta de descarga orgástica adequada resultará na perda da auto-regulação e no encouraçamento. Assim, a ausência de satisfação e relaxamento, ao final das atividades infantis, é um sinalizador de que algo não vai bem na prática educacional. A característica básica de toda ação engajada, no sentido vital, é iniciar num crescendo de tensão e carga energética e terminar em uma descarga e relaxamento, com o prazer que lhe corresponde. O educador deve conferir se essas fases estão se sucedendo, caso queira avaliar o funcionamento vital do educando. O funcionamento orgástico não é suscetível de ser produzido, nem induzido, uma vez que tem por essência a espontaneidade, mas sua escassez é detectável, assim como as causas de seu bloqueio ou perturbação, sendo possível assim eliminá-las.

Em vista da situação cultural nos dias de hoje, não basta à educação para a liberdade dar condições ao educando de desenvolver-se conforme suas funções vitais. Aqui e ali, ele fatalmente encontrará

---

81. Ver p. 34.
82. P. Albertini, *Reich*: história das idéias e formulações para a educação, p. 88.

dificuldades incontornáveis, e a couraça poderá instalar-se. Reich propõe então que os educadores em geral, sejam eles pais, pediatras ou professores, devem adquirir conhecimento sobre o encouraçamento, de forma a atuar nestas situações, impedindo que este processo se solidifique e cause o enrijecimento patológico da personalidade. Os educadores devem preparar-se, portanto, para prestar uma espécie de primeiros socorros contra o encouraçamento[83].

O tema da auto-regulação atinge diretamente a instituição escolar em dois de seus aspectos fundamentais: a estrutura de funcionamento com suas relações de poder e a organização dos conteúdos.

A experiência de Neill[84] com o autogoverno praticado pelos alunos, juntamente com os professores, por meio de assembléias semanais competentes para criar leis e aplicar punições, evidencia uma nova visão na organização dos poderes na escola, que se torna um grande aprendizado de liberdade com responsabilidade, apenas possível no paradigma da auto-regulação.

Experiências educacionais baseadas no autogoverno têm demonstrado que o educando que cresce em ambiente verdadeiramente democrático – em que todos, inclusive crianças desde os cinco anos, têm direito a voto com o mesmo peso, e participam das decisões que definirão o cotidiano do grupo – desenvolve uma autonomia e uma responsabilidade social impensáveis na realidade educacional autoritária, em que as resoluções são sempre ditadas de cima para baixo. O autogoverno na escola é o caminho mais propício para o aprendizado do convívio social.

> A prática cotidiana de uma proposta democrática obriga a desenvolver mecanismos para superar esses conflitos, sem recorrer a uma autoridade moralizadora, e é nesse processo que as crianças se tornam mais tolerantes e responsáveis por seus atos[85].

Com relação à escolha dos conteúdos escolares, já apontei acima a necessidade de se legar às novas gerações o direito de dirigir o seu próprio processo de aquisição de saber[86]. A grande dificuldade em aceitar este princípio está na noção bastante inculcada em nosso pensamento ideológico educacional de que a criança precisa ser obrigada a aprender, senão se restringirá às brincadeiras e não procurará adquirir novos conhecimentos.

Ora, a prática simbólica é essencialmente humana. O homem busca o conhecimento, não porque é disciplinado para isto, nem porque

---

83. W. Reich, *Children of the Future*: on prevention of sexual pathology, p. 45.
84. A. S. Neill, That Dreadfull School, em *International Journal of Sex-economy an Orgone-research*, p. 115-120.
85. H. Singer, *República das Crianças*: sobre experiências escolares de resistência, p. 165.
86. Ver p. 75-76.

substitui o seu interesse sexual por outros culturalmente superiores – como sugere a psicanálise –, mas, segundo Reich, porque a curiosidade e a busca de saber são funções básicas da vida humana, expressões da autopercepção e da consciência. "Crianças saudáveis, em quem a vida funciona livremente, descobrem e utilizam o processo da vida como se fosse um jogo (...) são os maiores cientistas naturais"[87].

Toda ação disciplinadora ou repressora da curiosidade infantil impede o desenvolvimento da função básica de aprendizado. A criança, cujas preocupações com a sexualidade não são esclarecidas, ocupará grande parte de seu tempo com elas e não terá disponibilidade para informar-se de mais nada. O aluno levado a estudar compulsoriamente o que não lhe atrai perde o contato com sua curiosidade natural e seus verdadeiros interesses. Além disso, aprender passará a ser uma obrigação e não mais um prazer.

> As pesquisas orgonômicas demonstraram que hoje ninguém sabe como um ser humano se desenvolveria se não encontrasse obstáculos em seu livre desenvolvimento. Mas demonstraram também que quanto mais livremente vive um ser humano, tanto maior é a sua capacidade de aprender a realidade e de utilizá-la de maneira eficaz...[88].

A liberdade para aprender é, portanto, um direito do educando, mas também uma necessidade prática. É importante a preservação da função vital básica de aprendizado prazeroso, um dos principais motores do sentimento de realização para o ser humano, tanto nos primeiros anos, sob a influência das instituições educativas, como durante sua vida como adulto. O embotamento desta capacidade causa o sentimento de vazio, pela falta de interesse e, especialmente, pela supressão da satisfação no trabalho.

Na abordagem reichiana, o trabalho não tem como finalidade apenas criar os bens necessários para a sobrevivência, mas o próprio empenho produtivo é motivo de realização e satisfação.

Para Reich, o ser humano em seu funcionamento mais saudável e natural

> tem interesse ativo no desenvolvimento do trabalho, permitindo que siga seu próprio curso. Seu interesse está focado fundamentalmente no próprio *processo*. O resultado é alcançado sem esforço especial, pois resulta espontaneamente do envolvimento. *A configuração final do produto através do percurso do processo produtivo é uma característica essencial do prazer biológico do trabalho.* É um alerta para uma rigorosa condenação de todos os métodos de educar por meio de brinquedos que dirijam a atividade da criança. [...] Uma criança que junta uma casa *pré-planejada* com blocos *pré-programados* de uma forma *pré-estabelecida* não aplica sua imaginação nem desenvolve nenhum entusiasmo. Compreende-se facilmente que esta característica básica da educação autoritária constitui parte da angústia de prazer nos adultos. Ela tem um efeito bloqueador sobre o prazer no trabalho da criança[89].

---

87. W. Reich, *People in Trouble*, p. 258.
88. O. Raknes, *Wilhelm Reich e a Orgonomia*, p. 104.
89. W. Reich, *Character Analysis*, p. 517. Grifado no original.

A educação enquanto mediadora da prática produtiva deve considerar o trabalho sob o ponto de vista da satisfação e de sua função formadora da vida humana. Educadores e educandos devem envolver-se com suas atividades de forma a manter o interesse e o prazer. O trabalho criativo é o contrário do trabalho mecânico-compulsivo. Este pode aliviar a angústia, mas não traz descarga e contentamento. O trabalho e o aprendizado prazerosos são funções básicas na economia energética do homem e, portanto, um desafio ao educador.

As qualidades essenciais para um trabalho satisfatório e vivo só serão alcançadas em um ambiente que privilegie a auto-regulação e a liberdade. Muitos se perguntam se a educação que não ensina a disciplina para o trabalho compulsivo prepararia adequadamente os aprendizes a viver em nosso mundo. Esta é, sem dúvida nenhuma, uma visão bastante limitada de adaptação cultural. A proposta reichiana para a educação pressupõe a transformação deste mundo. E, mesmo neste quadro atual, o trabalhador restrito a executar funções mecânicas que lhe são designadas autoritariamente tornar-se-á inexoravelmente um integrante das classes exploradas, com mínima chance de escolha. Já aquele que possui autonomia e criatividade coloca-se de maneira mais interessante no mercado de trabalho, nas condições presentes hoje.

A argumentação em favor do treinamento ao trabalho compulsivo é resultado da racionalização urdida pelo indivíduo encouraçado para encobrir o medo da liberdade. O que assusta não é o perigo de que a criança criada livremente se torne desajustada, mas a rica variedade de opções disponíveis para seu crescimento.

Essas observações sobre a importância do trabalho criativo na educação encerram este meu exame das propostas reichianas. A auto-regulação e a liberdade apresentam-se como centros de irradiação dos quais surge esta abordagem ampla e original aos objetivos educacionais e à sua prática.

A reflexão reichiana sobre a educação deposita suas esperanças na preservação das funções básicas da vida – amor, trabalho e conhecimento –, propondo como meta suprema preservar e recuperar a auto-regulação e o florescimento da liberdade. "A liberdade não tem que ser conquistada, dado que existe espontaneamente em todas as funções da vida. O que é preciso conquistar é a eliminação de todos os obstáculos à liberdade"[90].

Apenas a educação calcada nesses princípios preservará a autonomia e a vitalidade nas novas gerações, que, assim, se tornarão capazes de dar novos passos em direção ao convívio social mais justo, fundamentado na cultura afirmativa da vida; passos estes inimagináveis para a estrutura emocional do homem em nossa cultura atual.

---

90. Idem, *Psicologia de Massas do Fascismo*, p. 333.

São colocações que, por mais que soem utópicas, merecem consideração. Qualquer proposta que as ignore naufragará em meio ao jogo de poder político e à peste emocional. Reich nunca chegou a reunir todas essas discussões em uma única obra[91], provavelmente em razão de sua prisão e conseqüente morte prematura. Este meu trabalho, tendo sido fundamentado na pesquisa dos muitos comentários esparsos sobre o tema encontrados nos escritos de Reich, pretende demonstrar, ainda que preliminarmente, a sua inegável contribuição para a educação e a liberdade.

---

91. O livro *Children of the Future* (Crianças do Futuro), compilação de alguns textos sobre o assunto, foi publicado postumamente com o objetivo de suprir parcialmente esta falha. No entanto, não apresenta um panorama suficientemente amplo.

5. Para Além da Peste Emocional

*A arma principal no arsenal da liberdade
é a intensa ânsia de ser livre, por
parte de cada nova geração*[1].

Há pouco mais de cem anos, a ciência revelou que a infelicidade das pessoas era causada pela frustração e repressão de suas pulsões sexuais na infância. Com o tempo, esta lição básica foi escondida sob o tapete de teorias sobre adaptação cultural, necessidade moral, inevitabilidade do conflito e outras semelhantes.

Reich, ao dar continuidade a essa descoberta, procurou desvelar o sentido ideológico e patológico da moral compulsória, que nega aos bebês, crianças e adolescentes seus direitos básicos de manifestação de vida.

Foi perseguido, e suas lições condenadas ao ostracismo.

O exame de algumas de suas idéias abre uma nova visão sobre a prática educacional em vigência nos nossos dias.

Sob esta perspectiva, observam-se pais e educadores bem-intencionados ainda produzindo a infelicidade de seus filhos e educandos que tanto amam, apoiados em sua crença – ou ignorância – de que o amor, a sexualidade, o prazer e outras expressões da vida não têm lugar na infância. Para eles, a criança deve ser "moldada" de forma a adquirir uma educação moral que a capacite para o convívio social, o trabalho, a moral religiosa.

---

1. W. Reich, *Psicologia de Massas do Fascismo*, p. 329.

Independentemente dessas convicções, esses adultos não suportam as manifestações de vida nas crianças por causa de sua própria inaptidão básica para a vida, edificada em sua infância por educadores tão equivocados quanto eles o estão agora.

Consciente ou inconscientemente, racional ou emocionalmente, nossa educação permanece apoiada sobre os pilares da moral compulsória e do encouraçamento, cujo principal fruto é a destruição da capacidade natural do homem para o sentimento ético, a vida social, a solidariedade, a curiosidade, o trabalho, o amor e a liberdade.

Enfim, tudo aquilo que se constitui objetivo fundamental da formação humana é desmantelado por uma prática assentada sobre princípios equivocados e uma percepção distorcida da realidade, resultados de uma vivência emocional deturpada por esta mesma prática, num círculo vicioso infernal.

Até quando?

> Durante séculos, irá assassinar seus amigos e saudar os *Führers* de todas as nações, de todos os proletários, russos e prussianos. Entra ano, sai ano, você irá saudar um senhor após o outro. Não ouvirá o choro dos seus bebês, os gemidos dos seus adolescentes, os anseios sufocados do seu marido ou da sua mulher; ou, se os ouvir, descartará tudo isso como individualismo burguês. Pelos séculos afora, você derramará sangue em vez de preservar a vida, confiante de estar, com a ajuda do carrasco, construindo sua liberdade[2].

E, no entanto, há esperança. O destino do homem não é uma linha reta predefinida, pois recria-se dia-a-dia. O homem é capaz de aprender com seus erros, e também capaz de modificar-se, mesmo a partir de sua imutabilidade, de sua rígida couraça.

O pessimismo de Reich, manifesto em seus momentos de desabafo, permanece em constante diálogo com sua fé na força do conhecimento e do trabalho. Sua luta por mudanças é incessante.

Também esta investigação que ora apresento iniciou-se, fruto da inquietação, em um diálogo entre a esperança e minha insatisfação como educador. Ressentia-me da falta de uma averiguação dos mecanismos cerceadores do florescimento de uma pedagogia que contribuísse para a mudança radical da situação pela qual passa o mundo. Embora reconheça a importância da política e das relações estruturais da sociedade, estas sempre me pareceram situar-se em um ciclo repetitivo, como se algum elemento importante em sua dinâmica de evolução não estivesse bem compreendido. Intuitivamente, atribuí à educação, como instância de transmissão e transformação da herança cultural, um papel-chave neste processo de desenvolvimento.

As idéias reichianas, bem como a reflexão por elas inspiradas, proporcionaram-me uma percepção mais crítica em relação ao papel da

---

2. Idem, *Escute, Zé-ninguém!*, p. 74.

cultura, da concepção que o homem tem de si próprio, das condutas nas interações humanas e de suas conseqüências na formação da estrutura emocional dos indivíduos e, portanto, da população em geral.

Os fatores, que mesmo antes de maior ponderação a mim se apresentavam como limitações à tendência histórico-crítica da educação, surgiram então sob novas luzes.

Tal corrente, ao centrar-se no aspecto do conteúdo, pretende que as camadas sociais mais baixas tenham melhor acesso à cultura, de maneira a compensar suas desvantagens. Enquanto isso, o pensamento crítico deve desnudar os aspectos ideológicos dos saberes estabelecidos, em atitude simultânea de continuidade e ruptura. Elege-se, portanto, o campo da superestrutura como espaço privilegiado de atuação, acreditando-se que o desvelar da ideologia baste para uma mudança no comportamento do indivíduo.

O exemplo do racismo, citado por Snyders, é elucidativo[3]. Para o autor, a intervenção do professor no esclarecimento da função político-ideológica da segregação é necessária e suficiente para alterar a forma como os alunos interpretarão sua vivência e suas idéias preconcebidas e também as suas atitudes nas suas relações com o *diferente*.

A prática histórica tem demonstrado, no entanto, que as forças inconscientes que estão na base do sentimento do racismo sobrevivem à crítica racional, opondo-lhe alegações que, mesmo sem fundamentos equivalentes, bastam para uma contra-argumentação. A questão do preconceito permanece, assim, imersa em um "mar de racionalizações", sendo que o aspecto essencial de sua base afetiva não foi tocado: o medo do desconhecido, a angústia provocada por toda manifestação que se afaste do normal. Reich demonstra que o racismo está ancorado emocionalmente no indivíduo encouraçado, pois qualquer elemento que perturbe o seu equilíbrio neurótico causa-lhe insegurança. Diante da ansiedade provocada pelo dessemelhante, arrazoamentos não possuem força transformadora ou a possuem apenas parcialmente. Torna-se necessária uma intervenção mais abrangente. Não basta a argumentação crítico-ideológica, a esta deve juntar-se a reestruturação do funcionamento bioenergético. Não é suficiente saber que é mais justo e que convém viver em harmonia com o outro. Estas verdades esquecem-se, distorcem-se e perdem-se no processo histórico. Para que essa convivência se estabeleça de fato é preciso senti-la agradável, desejável. Não basta suportar o diferente, é fundamental que se aprenda a amá-lo, pois só assim as bases de uma vida social pluralista tornar-se-ão sólidas.

No âmbito educacional, para que isto aconteça, é essencial que o pensamento crítico – este nunca pode ser descartado – esteja aliado à garantia da estruturação emocional saudável que experimente o novo

---

3. G. Snyders, *Para Onde Vão as Pedagogias Não-diretivas*, p. 324-329.

não como perigo, mas como objeto de curiosidade, como sabor e alternativa para o já conhecido. Esta vivência será viabilizada apenas pela formação preocupada com a manutenção da auto-regulação.

A educação que coloca a crítica em relevo é importante, no entanto, por situar-se no âmbito da superestrutura, quando isolada, não é agente eficaz na transformação. Ou seja, mesmo do ponto de vista histórico-dialético, as idéias e os conteúdos não determinam a forma social; é a estrutura, isto é, os modos de produção da sociedade que definem a cultura. Isto também é válido para o ambiente educacional, onde se gera aprendizado e conhecimento. Urge analisar as relações de produção e de poder dentro da escola, para compreender qual a sua posição na dinâmica maior da sociedade em que está inserida. Este esforço está sendo realizado por autores da chamada *pedagogia crítica* – entre eles, McLaren[4] –, que investigam as relações autoritárias dentro do cotidiano escolar e suas vinculações com a manutenção da ideologia dominante.

Neste ponto, a compreensão reichiana das conexões entre a forma das relações sociais, seu ancoramento na estrutura emocional do indivíduo e a ideologia esclarece os princípios de uma pedagogia que pretende preservar no indivíduo sua autonomia, ao mesmo tempo em que o coloca diante de contradições, necessidades e, também, prazeres da vida social.

A abordagem reichiana para a educação distingue-se das propostas histórico-críticas por prescrever como sua tarefa central a reestruturação pulsional do homem, por meio de uma educação afirmativa das funções vitais. Ressalta o valor da metodologia utilizada, das relações afetivas e da preocupação com a manutenção da motilidade vegetativa da criança, sem as quais o trabalho crítico conteudista está fadado a semear em solo infértil.

No funcionalismo orgonômico, a razão perde a prioridade que havia alcançado desde os filósofos gregos até o iluminismo e o positivismo, posição esta que a contrapõe à natureza humana e, ao mesmo tempo, eleva-a ao posto de juiz supremo da verdade do homem. Para Reich, a razão é função enraizada na natureza, desenvolvimento especializado da autopercepção. Assim, não se opõe aos processos naturais humanos, mas complementa-os como seu espelho.

No pensamento educacional reichiano, a razão – o aspecto intelectual, o conteúdo – deixa de ser o foco e ocupa seu lugar dentro de um todo maior. Assim, o educador pode e deve se preocupar em problematizar a realidade junto ao educando, mas precisa também ter consciência de que tal ação não se configura como ponto nevrálgico do processo educacional; antes, insere-se na atitude ampla de apoio ao

---

4. *A Vida nas Escolas*: uma introdução à pedagogia crítica nos fundamentos da educação.

funcionamento auto-regulado. O aspecto crítico racional atua muito mais como salvaguarda diante das verdades estáticas e absolutas da cultura negadora da vida.

Para Reich, os jovens que têm a motilidade preservada não pensarão de forma rígida e, portanto, não serão presas fáceis de uma educação alienadora. É o caso dos alunos-problema que, muitas vezes, nada mais são que espíritos vivazes, inconformados com a aula monótona e repetitiva. Eles mesmos exigirão de seus educadores um trabalho de conteúdo ágil e crítico. O enfadonho método tradicional não será capaz de interessá-los. Por outro lado, o aluno que teve sua estrutura enrijecida adaptar-se-á mais facilmente à aula convencional, assim como às regras de conduta que lhe impedem o movimento e a criação.

A socialização dos conteúdos, que funciona como compensação educacional às classes menos favorecidas, embora louvável, também não é por si só eficiente para desfazer as desigualdades. Se for levada a cabo dentro de moldes autoritários, colaborará na formação da estrutura rígida, que utiliza o seu conhecimento de forma conservadora. Neste caso, alunos mais informados não necessariamente resultarão em uma força revolucionária. Para que isso aconteça, essa população precisa sentir o mundo de uma nova forma e não agir conforme os padrões morais retrógrados. Do ponto de vista da justiça, é também um equívoco, pois o que se deseja não é igualdade de informações, mas ferramentas para a realização das mudanças necessárias. Se a campanha pela educação universal, ao buscar condições de conhecimento iguais para todos os homens, significou uma luta contra a naturalização dos privilégios[5], é preciso lembrar que a ideologia do privilégio é construída biopsiquicamente nas relações desniveladas experimentadas dentro da família e da escola. Aquele que cresce tendo como paradigma a hierarquia construirá um modelo desigual de avaliação do outro. Este padrão fará parte do equilíbrio do encouraçamento e, portanto, não se desfará apenas por meio da crítica.

A noção de igualdade social só pode ser fundamentada na alteridade, na aceitação do outro como dessemelhante – com igual valor –, que, infelizmente, é a primeira vítima da peste emocional. Assim, a educação transformadora precisa, antes de tudo, atacar as causas da formação do encouraçamento neurótico. Qualquer proposta que deixe de explicitar esta problemática corre o risco de se tornar apenas um jogo discursivo à mercê das mais diversas políticas educacionais.

Gostaria de lembrar aqui um pequeno episódio ilustrativo que me aconteceu.

Em uma das muitas reuniões de professores das quais participei, novamente defendia a abolição da obrigatoriedade do uniforme,

---

5. D. Saviani, *Escola e Democracia*: teorias da educação, curvatura da vara, onze teses sobre educação e política, p. 43-44.

argüindo em prol da auto-regulação, da especificidade do aluno e de seu direito de se expressar pela forma pessoal de se vestir. A certa altura da discussão, ponderei que para mim, como professor, era mais agradável e viva a sensação da sala colorida, cheia de gente diferente, e que a sala uniformizada era, com o perdão da redundância, uniforme, sem vida, sem criatividade individual. Uma colega pediu a palavra e contestou: "Pois, para mim, uma sala sem uniforme é uma bagunça, a sala uniformizada é uma sala organizada, na qual eu posso trabalhar".

Diante de tal manifestação, meus argumentos se acabaram. Não estávamos mais discutindo a conveniência ou não do uso de uniforme para o crescimento de nossos educandos. Passáramos a tratar das formas absolutamente opostas de sentir a realidade; de um lado, a uniformização dos alunos como condição básica para a tranqüilidade do docente; do outro, o incômodo com a patente falta de vida na padronização.

A estrutura encouraçada pode até concordar, em tese, com os argumentos racionais da pedagogia da auto-regulação, mas a percepção que possui de si mesma e do homem em geral entrará em conflito com os princípios básicos de tal proposta. Não se trata obviamente de classificar e dividir os educadores em encouraçados e flexíveis. A partir do que foi exposto, está claro que todos nós, criados nesta cultura repressiva e autoritária, em maior ou menor grau, temos limites em relação ao contato com as funções vitais, de forma que, de uma maneira ou outra, encontraremos dificuldades ao lidar com o tema da liberdade da criança. Devemos, isto sim, descobrir de que forma esses bloqueios interferem em nossa concepção e em nossa prática educacional.

As idéias reichianas desenvolveram-se na primeira metade do século XX, momento e conjuntura em que eclodiram o movimento da escola nova e as chamadas pedagogias não-diretivas, representadas, entre outras, pelas idéias de Rogers, Neill, Lewin e Lobrot, tão severamente rejeitadas por Snyders[6]. É possível, portanto, inserir o pensamento educacional de Reich neste contexto histórico, rico em experiências que se contrapõem à educação tradicional de postura autoritária. Trata-se de uma verdadeira guinada nas relações professor-aluno e nos métodos, que passam a centrar seus interesses no educando, privilegiando sua autonomia e iniciativa para aprender. Essas propostas, no entanto, foram criticadas pela falta de discussão consistente de seus fundamentos, permitindo assim exames superficiais e preconceituosos de sua prática. O próprio Neill, de todos os educadores deste período o mais próximo de Reich, evita embrenhar-se no exame de seus paradigmas básicos. O pensamento reichiano debruça-se justamente sobre os pressupostos da educação não-diretiva. Torna-se, assim, uma contribuição especial

---

6. G. Snyders, op. cit..

para o desenvolvimento de proposições pedagógicas centradas no tema da liberdade, da autonomia e da transformação.

Recuperam-se, assim, algumas das contribuições das ditas propostas não-diretivas, não apenas como acessórios simpáticos de uma educação moderna, mas como elementos essenciais a uma pedagogia cujo objetivo não seja apenas o de doutrinar seus alunos para que vejam o mundo de outra forma – ainda que mais justa –, mas o de capacitá-los para serem agentes da mudança, sujeitos criadores da nova cultura, de novas relações e experiências humanas, tanto no ambiente social como em suas vivências pessoais.

A formação para a autonomia, nos moldes propostos por Reich, impedirá a criação de uma geração de militantes obedientes dispostos a seguir a liderança revolucionária, não servindo, portanto, como massa de manobra. A proposta reichiana baseia-se na capacidade das novas gerações de assumir a responsabilidade por seu destino.

As pedagogias não-diretivas enfraquecem-se ao não apresentar seus argumentos e não valorizar a presença crítica do educador dentro do processo de aprendizado que se contraponha à ideologia vigente. Mas a tendência histórico-crítica também peca ao desconsiderar os aspectos estruturais, os métodos da escola e, por isso, corre o risco de, ao promover a transição da realidade autoritária atual para a democracia[7], encontrar, no final do processo, educandos incapazes de participação democrática, por terem sido estruturados para a não-autonomia.

Contudo, a abordagem reichiana não se opõe totalmente à corrente histórico-crítica. Elas se aproximam por buscarem soluções transformadoras contrárias ao aspecto reprodutivo da educação. A visão reichiana de educação nunca abandona a crítica ideológica, mas procura reuni-la às mudanças exigidas na prática das interações entre educador e educando. Esta posição talvez encontre eco mais próximo, entre os teóricos de uma pedagogia para a transformação da sociedade no Brasil, no pensamento de Paulo Freire, que, possivelmente pela influência escolanovista, preocupa-se com alguns aspectos da educação que também foram discutidos por Reich. A necessidade da formação do "espírito flexível" para acompanhar a transição pela qual deve passar a sociedade[8]; a reformulação da relação entre o educador e o educando, que devem posicionar-se em um mesmo nível para poderem juntos discutir a realidade; e o caráter essencialmente vivo da educação, que não se apóia na palavra morta, distante da vivência, vazia de sentimentos[9], são alguns dos elos de ligação entre essas duas propostas.

Seguindo a tradição de Paulo Freire, práticas pedagógicas têm confirmado algumas das colocações reichianas a respeito da função natural do conhecimento, demonstrando que o entusiasmo dos

---

7. D. Saviani, op. cit., p. 80-82.
8. P. Freire, *Educação como Prática da Liberdade*, p. 45.
9. Idem, p. 93.

educandos pelo aprendizado vivo, cujo motor é o seu próprio interesse pelos projetos escolhidos, não precisa ser produzido pelo educador todo-poderoso, que se orgulha de sua capacidade de interessar os alunos por temas em geral considerados aborrecidos. Madalena Freire afirma: "É que, se a *prática educativa* tem a criança como um de seus sujeitos, construindo seu processo de conhecimento, não há dicotomia entre o *cognitivo e o afetivo*, e sim uma relação dinâmica, prazerosa de conhecer o mundo"[10].

O professor *showman* tão conhecido em nossos cursinhos, e absolutamente necessário sob o regime do aprendizado compulsório, dá lugar ao educador-mediador, que orienta seus educandos compartilhando de sua paixão por conhecer o mundo. "Porque o ato de conhecer é tão vital como comer ou dormir, e eu não posso comer ou dormir por alguém"[11].

As afirmações de Reich a respeito da tendência natural do homem para a socialização, para o conhecimento e para a autonomia têm sido confirmadas também de forma inquestionável em várias práticas educacionais, hoje reunidas sob a bandeira da educação democrática, ainda que grande parte delas desconheça ou não utilize as idéias reichianas como fundamentação para seu trabalho. São quase cem (atualmente mais de duzentas e cinqüenta, segundo comunicação pessoal da autora) escolas, por todo o mundo, relatadas por Singer em sua pesquisa sobre o tema[12]. Muitas delas possuem propostas ainda mais radicais do que as de Summerhill para a auto-regulação do educando. Nelas, os professores são proibidos de propor qualquer tema para estudo, ficando apenas à disposição dos alunos para quando estes desejarem algum tipo de assistência. Caracterizam-se, portanto, pela "absoluta ausência de currículo"[13], como forma de garantir aos educandos o pleno controle sobre os caminhos de seu aprendizado. A longa experiência de algumas dessas escolas vem demonstrar que seus ex-alunos não se tornaram pessoas incapazes de viver em sociedade, nem ignorantes. Sudbury Valley, nos Estados Unidos, com quarenta anos de existência, por exemplo, tem uma boa porcentagem de ex-alunos que cursaram boas universidades, como a prestigiada Harvard.

Um ex-aluno de Sudbury Valley relata que se surpreendia com as perguntas que os visitantes da escola lhe faziam: o que você aprendeu hoje, que aulas teve? Para ele, não tinham sentido, pois nunca assistia a aulas, e também não pensava em seu aprendizado como um material dividido em partes que seriam consumidas separadamente a cada dia.

---

10. M. Freire, *A Paixão de Conhecer o Mundo*, p. 15. Grifado no original.
11. Idem, ibidem.
12. H. Singer, *República de Crianças*: sobre experiências escolares de resistência, p. 53.
13. Idem, p. 155.

Conhecer era um processo contínuo em sua vida, assim como as outras funções naturais – comer, dormir, trabalhar, brincar e relacionar-se[14].

A experiência da educação democrática tem demonstrado também a importância do amadurecimento representado pela vivência de autogoverno, desde os primeiros anos da criança, no desenvolvimento da autonomia e da liberdade com responsabilidade social.

É preciso lembrar que a análise reichiana não se detém no âmbito escolar; envolve, outrossim, a sociedade e a cultura em todas as manifestações de crescimento da vida. Embora sua aplicação ao ambiente escolar possa surtir bons efeitos, só é possível falar em educação para a auto-regulação que preserve o funcionamento vital em seus estratos mais profundos, se esta ação estender-se a todas as relações sociais da criança, desde seu nascimento (ou até mesmo antes).

As propostas reichianas, no entanto, não possuem caráter definitivo, nem trazem em seu bojo a solução para todos os males. Desde já algumas dificuldades se apresentam, caso se pretenda seguir alguns de seus princípios.

Embora Reich tenha demonstrado bastante otimismo pelo fato de ter desvendado os mecanismos da peste emocional[15], todo cuidado e precaução por ele tomados não impediram que as reações violentas por parte da sociedade ao seu trabalho e às suas idéias acabassem por lhe valer a prisão, a morte, a proibição de divulgação e uso de seus instrumentos de trabalho, bem como a queima de seus livros.

A reação da peste emocional, no campo social, representa o maior perigo para a proposta de educação para a liberdade.

"NUNCA TOQUE NISSO!"[16]. É o grande mote da peste emocional, que se refere tanto a não tocar os genitais como a não tocar os temas essenciais da miséria humana.

Atualmente, é comum mencionar-se entre educadores, isto é, entre os poucos que já ouviram falar em Summerhill, que a experiência de Neill fracassou. Este tipo de comentário, assim como as críticas superficiais com afirmações do gênero "Summerhill é uma bagunça, onde ninguém faz nada" tão comumente divulgadas, representa a típica reação irracional de repúdio à educação mais próxima do funcionamento da vida. Summerhill foi fundada em 1921 e sobrevive até hoje, mais de trinta anos após a morte de seu fundador, norteando-se pelo princípio da liberdade. O governo inglês, no ano de 1999, tentou obrigá-la a exigir a presença dos alunos nas salas de aula, a aplicar exames e a separar os dormitórios por sexo. A vitória na ação proposta pela escola junto à Corte inglesa garantiu-lhe o direito de manter sua pedagogia. Durante o litígio, o Ministério da Educação não conseguiu levantar

---

14. Em www.sudval.org/3.html, disponível em 15/03/2004.
15. W. Reich, *Character Analysis*, p. 538.
16. Idem, *O Assassinato de Cristo*, p. 188.

uma só evidência de caso de desajuste ou de prejuízo de ex-alunos, que porventura tivessem sido causados pelo sistema democrático da escola. A longevidade dessa experiência totalmente contra a corrente não pode certamente ser considerada um fracasso. Mas a peste emocional não respeita os dados da realidade e apóia seus ataques em reações irracionais contra as quais argumentos nada podem.

Uma das grandes dificuldades em se adotar a proposta reichiana de educação é a de graduar a ampliação do funcionamento vital autoregulado nas novas gerações, a fim de não provocar o desequilíbrio nas estruturas encouraçadas da sociedade, salvaguardando-se assim das reações antivida de proporções catastróficas, que resultariam em retrocesso autoritário.

A manifestação social da peste emocional, entretanto, não é o único obstáculo para a educação pró-vida. O ódio à vida também se manifesta no próprio educador. Todo indivíduo criado nesta cultura está sujeito a tal reação diante do funcionamento vital. O educador tem que ser capaz de reconhecer essa ameaça dentro de si mesmo. E ainda que se tome cuidado, evitando que o excesso de entusiasmo o leve a situações insuportáveis, persiste a questão: como nós, educadores estruturados dentro do autoritarismo e da negação das funções vitais, poderemos formar novas gerações seguindo os princípios da liberdade e da vida?

Não há como respondê-la de forma definitiva. Sugere-se uma atitude vigilante com o propósito de solucionar a prática cotidiana na educação. A forma como será resolvido o conflito entre as forças vitais presentes nas gerações atuais e vindouras e a estrutura encouraçada, base de nossa civilização, não se encontra predeterminada. O caminho a ser trilhado não pode ser atribuído ao destino. Cabe a cada um, e a todos, decidir o que se fará do futuro.

Imagino, acompanhando Reich, que daqui a quinhentos anos o homem se voltará incrédulo para suas práticas hoje tidas como absolutamente corretas e naturais de controle e repressão das crianças e adolescentes. Então,

um novo tipo de homem crescerá e transmitirá suas novas qualidades, que serão as qualidades da Vida irrestrita, aos seus filhos e filhos de seus filhos. Ninguém consegue dizer como será esta Vida. Não importa como ela será, ela será *ela mesma*, e não o reflexo de uma mãe doente ou de um parente aborrecido e pestilento. Ela será, ELA MESMA, e terá o poder de se desenvolver, e de corrigir aquilo que impedir o seu desenvolvimento[17].

Para além de um sonho, essa crença representa um farol a indicar o rumo de novas ações. Uma luz no fim do túnel, remédio para a desesperança de dias tão lúgubres para a educação como os de hoje.

---

17. Idem, p. 307. Grifado no original.

O estudo e a divulgação das idéias de Reich são a espinha dorsal de meus esforços no campo da educação. Mais que uma necessidade ética e funcional, a prática da educação pela e para a liberdade brota prazerosamente das funções primordiais do amor, do trabalho e do conhecimento, fontes de nossa vida.

Referências Bibliográficas

ADORNO, T. W.; HORKHEIMER, M. *Dialética do Esclarecimento*: fragmentos filosóficos. Tradução de Guido Antonio de Almeida. Rio de Janeiro: Zahar, 1985.
ALBERTINI, Paulo. *Reich*: história das idéias e formulações para a educação. São Paulo: Ágora, 1994.
ARANHA, M. L. de Arruda. *Filosofia da Educação*. 2ª ed. rev. e ampl. São Paulo: Moderna, 1996.
ARIÉS, Philippe. *História Social da Criança e da Família*. Tradução de Dora Flaksman. Rio de Janeiro: Zahar, 1978.
BADINTER, Elisabeth. *Um Amor Conquistado*: o mito do amor materno. Tradução de Waltensir Dutra. Rio de Janeiro: Nova Fronteira, 1985.
BAKER, Elsworth. *O Labirinto Humano*. Tradução de Maria S. Mourão Netto. São Paulo: Summus, 1980.
BEHRENS, Marilda Aparecida. *O Paradigma Emergente e a Prática Pedagógica*. Curitiba: Champagnat, 1999.
BERGSON, Henry. *A Evolução Criadora*. Tradução de Adolfo Casais Monteiro. Rio de Janeiro: Delta, 1964.
_____. *Ensaio sobre os Dados Imediatos da Consciência*. Tradução de João da Silva Gama. Lisboa: Edições 70, 1988.
_____. *O Riso*. Tradução de Miguel Serras Pereira. Lisboa: Relógio D'água, 1991.
BOADELLA, David. *Nos Caminhos de Reich*. Tradução de Elisane R. B. Rebelo e outros. São Paulo: Summus, 1985.
DE REICH, Ilse Ollendorff. *Wilhelm Reich*: una biografia personal. Barcelona: Granica, 1978.

ENGELS, Friedrich. *A Origem da Família, da Propriedade Privada e do Estado*. Tradução de José Silveira Paes. São Paulo: Global, 1984.
FIGUEIREDO, Luís Cláudio M. *Matrizes do Pensamento Psicológico*. Petrópolis, RJ: Vozes, 1991.
FOUCAULT, Michel. *Vigiar e Punir*: nascimento da prisão. Tradução de Raquel Ramalhete. Petrópolis, RJ: Vozes, 1987.
FREIRE, Madalena. *A Paixão de Conhecer o Mundo*. Rio de Janeiro: Paz e Terra, 1983.
FREIRE, Paulo. *Educação como Prática da Liberdade*. Rio de Janeiro: Paz e Terra, 1967.
_____. *Pedagogia do Oprimido*. Rio de Janeiro: Paz e Terra, 1975.
FREUD, Sigmund. *Além do Princípio do Prazer*. Tradução de Christiano M. Oiticica. Obras Completas de Sigmund Freud. Rio de Janeiro: Imago, 1976, v. XVIII.
_____. *Conferências Introdutórias sobre Psicanálise (parte III)*. Tradução de José Luís Meurer. Edição standard brasileira das obras psicológicas completas de Sigmund Freud. Rio de Janeiro: Imago, 1976, v. XVI.
_____. *Esboço de Psicanálise*. Tradução de José O. A. Abreu. Edição standard brasileira das obras psicológicas completas de Sigmund Freud. Rio de Janeiro: Imago, 1974, v. XXIII.
_____. *O Ego e o Id*. Tradução de José O. A. Abreu. Edição standard brasileira das obras psicológicas completas de Sigmund Freud. Rio de Janeiro: Imago, 1976, v. XIX.
_____. *O Mal-estar na Civilização*. Tradução de José O. A. Abreu. Edição standard brasileira das obras psicológicas completas de Sigmund Freud. Rio de Janeiro: Imago, 1974, v. XXI.
_____. *O Problema Econômico do Masoquismo*. Tradução de José O. A. Abreu. Edição standard brasileira das obras psicológicas completas de Sigmund Freud. Rio de Janeiro: Imago, 1976, v. XIX.
_____. *Totem e Tabu*. Tradução de J. P. Porto-carrero. Obras completas de S. Freud. Rio de Janeiro: Delta, s/d., v. XIV.
_____. *Três Ensaios sobre a Teoria da Sexualidade*. Tradução de José O. A. Abreu. Edição standard brasileira das obras psicológicas completas de Sigmund Freud. Rio de Janeiro: Imago, 1976, v. VII.
HIGGINS, Mary; RAPHAEL, Chester (orgs.). *Reich Fala de Freud*. Tradução de Bernardo de Sá Nogueira. Lisboa: Moraes, 1979.
JAPIASSU, Hilton. *Introdução à Epistemologia da Psicologia*. Rio de Janeiro: Imago, 1982.
KUHN, Thomas S. *A Estrutura das Revoluções Científicas*. Tradução de Beatriz V. Boeira e Nelson Boeira. São Paulo: Perspectiva, 2000.
LIBÂNEO, José Carlos. *Adeus Professor, Adeus Professora?*: novas exigências educacionais e profissão docente. São Paulo: Cortez, 2001.
MALINOWSKI, Bronislaw. *A Vida Sexual dos Selvagens*. Tradução de Carlos Sussekind. Rio de Janeiro: F. Alves, 1983.
MCLAREN, Peter. *A Vida nas Escolas*: uma introdução à pedagogia crítica nos fundamentos da educação. Porto Alegre: Artes Médicas, 1997.
MILHOLLAN, Frank e FORISHA, Bill E. *Skinner X Rogers*: maneiras contrastantes de encarar a educação. São Paulo: Summus, 1978.

REFERÊNCIAS BIBLIOGRÁFICAS

NEILL, Alexander S. *Liberdade sem Medo*. Tradução de Nair Lacerda. São Paulo: Ibrasa, 1980.

_____. *Liberdade na Escola*. Tradução de Nair Lacerda. São Paulo: Ibrasa, 1978.

_____. *Liberdade, Escola, Amor e Juventude*. Tradução de Nair Lacerda. São Paulo: Ibrasa, 1978.

NIETZSCHE, Friedrich. *Obras Incompletas*. Tradução de Rubens R. T. Filho. São Paulo: Nova Cultural, 1999. (Coleção Os Pensadores)

PLACZEK, Beverley R.(ed.). *Record of a Friendship*: the correspondence between Wilhelm Reich and A. S. Neill, 1936-1957. London: Victor Gollancz, 1982.

RAKNES, Ola. *Wilhelm Reich e a Orgonomia*. São Paulo: Summus, 1988.

REALE, Miguel. *Paradigmas da Cultura Contemporânea*. São Paulo: Saraiva, 1996.

_____. *Pluralismo e Liberdade*. São Paulo, Saraiva, 1963.

REICH, Wilhelm. *A Função do Orgasmo*. Tradução de Maria Glória Novak. São Paulo: Brasiliense, 1975. (1ª ed., 1942)

_____. *Character Analysis*. Tradução de Vincent R. Carfagno. New York: Farrar, Strauss & Giroux, 1990. (1ª eds., 1933, 1945, 1949[*]) (Edição brasileira: *Análise do Caráter*. Tradução de Ricardo Amaral do Rego. 4ª ed. São Paulo: Martins Fontes, 2001)

_____. *Chidren of the Future*: on prevention of sexual pathology. Tradução de Derek e Inge Jordan. New York: Farrar, Strauss & Giroux, 1983.

_____. *Early writings*. Tradução de Philip Schmitz. New York: Farrar, Strauss & Giroux, 1975, v. I. (1ª ed., 1920-1925[**])

_____. *Escute, Zé-ninguém!*. Tradução de Waldéa Barcellos. São Paulo: Martins Fontes, 1998. (1ª ed., 1948)

_____. *Ether, God and Devil & Cosmic Superimposition*. Tradução de Therese Pol. New York: Farrar, Strauss & Giroux, 1973. (1ª ed., 1949, 1951[***]) (Edição brasileira: *O Éter, Deus e o Diabo; A Superposição Cósmica*. Tradução de Maya Hantower. São Paulo: Martins Fontes, 2003)

_____. *Genitality*: in the theory and therapy of neurosis. Early writings. Tradução de Philip Schmitz. New York: Farrar, Straus & Giroux, 1980, v. II. (1ª ed., 1927[****])

_____. *Materialismo Dialético e Psicanálise*. Tradução de Joaquim J. M. Ramos. Lisboa: Presença, 1977. (1ª ed., 1929)

_____. *O Assassinato de Cristo*. Tradução de Carlos R. L. Viana. São Paulo: Martins Fontes, 1999. (1ª ed., 1953)

_____. *O Combate Sexual da Juventude*. Tradução de A. Fontes. Lisboa: Antídoto, 1978. (1ª ed., 1932)

---

[*]. Em cada uma dessas edições, Reich acrescentou capítulos e revisou conceitos.

[**]. Artigos publicados durante esses anos e reeditados em livro, posteriormente.

[***]. Estes dois livros, editados separadamente, foram reeditados em um só volume.

[****]. Este livro foi editado originalmente com o nome *A Função do Orgasmo* e foi reeditado com outro título para não ser confundido com o livro homônimo publicado, em 1942, como 1ª parte de *A Descoberta do Orgone*.

REICH, Wilhelm. Os Jardins de Infância na Rússia Soviética. In: Conselho Central dos Jardins de Infância Socialistas de Berlim; SCHMIDT, Vera; REICH, Wilhelm. *Elementos para uma Pedagogia Antiautoritária.* Tradução de J. C. Dias e outros. Porto: Escorpião, 1975.

_____. Os Pais como Educadores: a compulsão a educar e suas causas. In: Conselho Central dos Jardins de Infância Socialistas de Berlim; SCHMIDT, Vera; REICH, Wilhelm. *Elementos para uma Pedagogia Antiautoritária.* Tradução de J. C. Dias e outros. Porto: Escorpião, 1975.

_____. *People in Trouble.* Tradução de Philip Schmitz. New York: Farrar, Strauss & Giroux, 1976.

_____. *Psicologia de Massas do Fascismo.* Tradução de Maria da Graça M. Macedo. São Paulo: Martins Fontes, 1988. (1ª ed., 1933, 1946*)

_____. *Sex-pol Essays, 1929-1934.* Tradução de Ana Bostock e outros. New York: Random House, 1972.

_____. Sobre o Onanismo. In: REICH, Annie. *Se Teu Filho Te Pergunta.* Tradução de Sylvia Moretzsohn. Rio de Janeiro: Espaço Psi, 1980.

_____. *The Bioelectrical Investigation of Sexuality and Anxiety.* Tradução de Marion Faber. New York: Farrar Strauss & Giroux, 1982. (1ª ed., 1937)

_____. *The Bion Experiments*: on the origin of life. Tradução de Derek e Inge Jordan. New York: Farrar, Strauss & Giroux, 1979. (1ª ed., 1938)

_____. *The Cancer Biopathy.* New York: Farrar, Strauss & Giroux, 1973. (1ª ed., 1948)

_____. The Developmental History of Orgonomic Functionalism. Part I. On the historical development of Orgonomic Functionalism. *Orgonomic Functionalism,* v. I. Tradução de Derek e Inge Jordan. Rangeley, Maine: Wilhelm Reich Museum, 1990. (1ª ed., 1950)

_____. The Developmental History of Orgonomic Functionalism. Part II. On the historical development of Orgonomic Functionalism. *Orgonomic Functionalism,* v. II. Tradução de Derek e Inge Jordan. Rangeley, Maine: Wilhelm Reich Museum, 1990. (1ª ed., 1950)

_____. The Developmental History of Orgonomic Functionalism. Part III. On the historical development of Orgonomic Functionalism. *Orgonomic Functionalism,* v. III. Tradução de Derek e Inge Jordan. Rangeley, Maine: Wilhelm Reich Museum, 1991. (1ª ed., 1950)

_____. *The Invasion of Compulsory Sex-morality.* New York: Farrar, Strauss & Giroux, 1971. (1ª ed., 1932, 1951**) (Edição brasileira: *A Irrupção da Moral Repressiva.* São Paulo: Martins Fontes, 1978)

_____. *The Sexual Revolution*: toward a self-regulating character structure. Tradução de Therese Pol. New York: Farrar Strauss & Giroux, 1986. (1ª ed., 1936, 1945***) (Edição brasileira: *A Revolução Sexual.* Tradução de Ary Blaustein. Rio de Janeiro: Zahar, 1976)

ROUSSEAU, J. J. *Emílio ou da Educação.* Tradução de Sérgio Milliet. Rio de Janeiro: Bertrand Brasil, 1995.

*. Em alemão e em inglês, respectivamente.
**. Em alemão e em inglês, respectivamente.
***. Coletânea de artigos editada na primeira data como livro e na segunda data com inclusão de capítulos e alterações.

REFERÊNCIAS BIBLIOGRÁFICAS

ROUSSEAU, J. J. *O Contrato Social*. Tradução de Antonio de P. Danesi. São Paulo: Martins Fontes, 1996.
SANTOS, Boaventura de Souza. *Um Discurso sobre as Ciências*. Porto: Afrontamento, 1988.
SAVATER, Fernando. *El valor de elegir*. Buenos Aires: Ariel, 2003.
SAVIANI, Dermeval. *Educação*: do senso comum à consciência filosófica. 6ª ed. São Paulo: Cortez: Autores Associados, 1985.
_____. *Escola e Democracia*: teorias da educação, curvatura da vara, onze teses sobre educação e política. São Paulo: Cortez, 1986.
_____. Tendências e Correntes da Educação Brasileira. *Filosofia da Educação Brasileira*. Coordenado por Durmeval Trigueiro Mendes. Rio de Janeiro: Civilização Brasileira, 1998.
SCHMIDT, Vera. Educação Psicanalítica na Rússia Soviética. In: Conselho Central dos Jardins de Infância Socialistas de Berlim; SCHMIDT, Vera; REICH, Wilhelm. *Elementos para uma Pedagogia Antiautoritária*. Tradução de J. C. Dias e outros. Porto: Escorpião, 1975.
SEVERINO, Antônio J. *Educação, Ideologia e Contra-ideologia*. São Paulo: EPU, 1986.
_____. *Educação, Sujeito e História*. São Paulo: Olho D'água, 2002.
_____. *Filosofia da Educação*. São Paulo: FTD, 1994.
SHARAF, Myron. *Fury on Earth*: a biography of Wilhelm Reich. New York: Hutchinson & Co, 1983.
SILVA, Sônia I. *Valores em Educação*: o problema da compreensão e da operacionalização dos valores na prática educativa. Petrópolis: Vozes, 1986.
SINGER, Helena. *República de Crianças*: sobre experiências escolares de resistência. São Paulo: Hucitec, 1997.
SNYDERS, Georges. *Para onde Vão as Pedagogias Não-diretivas*. Lisboa: Moraes, 1974.
TREVISAN, Rubens Muríllio. *Bergson e a Educação*. Piracicaba: Editora Unimep, 1995.

PERIÓDICOS:

BAKER, Elsworth F. My Eleven Years with Wilhelm Reich. *Journal of Orgonomy*. Princeton, New Jersey: The American College of Orgonomy, v. 10 a 18, 1976-1984.
GANZ, M. Functional Child-rearing. *Journal of Orgonomy*. Princeton, New Jersey: The American College of Orgonomy, v. 10, p. 221-231, 1976.
MENDES, Erasmo Garcia. Determinismo e Liberdade da Vontade: o enfoque biológico. *Estudos Avançados*. São Paulo, v. 12, n. 32, p. 213-23, jan./abr. 1998.
NEILL, A. S. Co-education and Sex. *International Journal of Sex-Economy and Orgone-Research*. New York: Orgone Institute Press, v. 4/1. p. 54-58, 1945.
_____. Self-regulation and the Outside World. *Orgone Energy Bulletin*. New York: Orgone Institute Press, v. 2/2, p. 58-60, 1950.

_____. That Dreadfull School. *International Journal of Sex-Economy and Orgone-Research*. New York: Orgone Institute Press, v. 3 a 4, 1944-1945.

_____. The Problem Teacher. *International Journal of Sex-Economy and Orgone-Research*. New York: Orgone Institute Press, v. 1 a 3, 1942-1944.

PHILIPSON, Tage (pseudônimo Paul Martin). Sex-economic "Upbringing". *International Journal of Sex-Economy and Orgone-Research*. Tradução de T. P. Wolfe. New York: Orgone Institute Press, v. 1/1, p.18-32, 1942.

SEVERINO, Antônio J. A Contribuição da Filosofia para a Educação. *Em Aberto*. Brasília, ano 9, n. 45, p. 19-25, jan./mar., 1990.

_____. A Pesquisa em Educação: a abordagem crítico-dialética e suas implicações na formação do educador. *Revista de Educação da Univali*. Itajaí: Contrapontos, ano 1, n. 1, jan/jun, 2001.

_____. Proposta de um Universo Temático para a Investigação em Filosofia da Educação: as implicações da historicidade. *Filosofia e Educação*. Florianópolis: Perspectiva, ano 11, n. 19, p. 11-27, jan./jun. 1993.

SCHWARTZMAN, R. Etiology, Prevention, and Early Treatment of Armoring. *Journal of Orgonomy*. Princeton, New Jersey: The American College of Orgonomy, v. 29, p. 60-69, 1995.

TESES E DISSERTAÇÕES:

BARRETO, Maria Lucia Aranha. *A Pedagogia Histórico-crítica no Contexto do Otimismo Dialético em Educação*. 1992. Dissertação (Mestrado em educação). Universidade Metodista de Piracicaba. Piracicaba.

BELLINI, Luiza Marta. *Afetividade e Cognição*: o conceito de auto-regulação como mediador da atividade humana em Wilhelm Reich e Jean Piaget. 1993. Tese (Doutorado em psicologia). Instituto de Psicologia. Universidade de São Paulo. São Paulo.

CORNALBAS, Priscilla. *A Evolução do Pensamento em Quatro Autores Nacionais nas Décadas de 80/90*: educação, escola e conhecimento. 1998. Dissertação (Mestrado em educação). Pontifícia Universidade Católica de São Paulo. São Paulo.

MATTHIESEN, Sara Quenzer. *A Educação do Corpo e as Práticas Corporais Alternativas*: Reich, Bertherat e Antiginástica. 1996. Dissertação (Mestrado em educação). Pontifícia Universidade Católica de São Paulo. São Paulo.

_____. *A Educação em Wilhelm Reich*: da psicanálise à pedagogia econômico-sexual. 2001. Tese (Doutorado em educação). Faculdade de Filosofia e Ciências, Universidade Estadual Paulista "Júlio de Mesquita Filho". Marília.

MEIOS ELETRÔNICOS:

A. S. NEILL'S SUMMERHILL SCHOOL. Site oficial da escola Summerhill, apresenta artigos, descrições e fotos relativos à educação pela liberdade. Disponível em: <http://www.summerhillschool.co.uk/indexgo.html>. Acesso em: 10 mai. 2004.

REFERÊNCIAS BIBLIOGRÁFICAS

BEDANI, Aílton. O Funcionalismo Orgonômico e a Orgonometria: uma breve apresentação. Artigo sobre o funcionalismo orgonômico. Disponível em: <http://www.org2.com.br>. Acesso em: 5 jan. 2004.

THE SUDBURY VALLEY SCHOOL. Site oficial da escola Sudbury Valley, apresenta artigos, descrições e fotos relativos à educação democrática. Disponível em: <http://www.sudval.org/3.html>. Acesso em: 15 mar. 2004.

EDUCAÇÃO E PEDAGOGIA NA PERSPECTIVA

A Crise Mundial da Educação (D112)
Philip H. Coombs

Arte-educação no Brasil (D139)
Ana Mae Barbosa

O Que É Uma Universidade? (D205)
Luiz Jean Lauand

Fernando Azevedo: Educação e Transformação (E101)
Maria Luiza Penna

Maimônides, O Mestre (E200)
Rabino Samy Pinto

Educação e Liberdade em Wilhelm Reich (E241)
Zeca Sampaio

O Direito da Criança ao Respeito (EL041)
Janusz Korczak

Educação, Teatro e Matemática Medievais (EL045)
Luiz Jean Lauand

Quem Foi Janusz Korczak? (EL057)
Joseph Arnon

Impresso nas oficinas
da Editora e Gráfica Vida e Consciência,
em abril de 2007